EVERYDAY
샐러드 & 샌드위치

매일매일 집에서 즐기는 100여 가지 카페스타일
EVERYDAY 샐러드 & 샌드위치

1판 2쇄 발행 2014년 8월 19일

지은이 | 홍신애
펴낸이 | 김선숙, 이돈희
펴낸곳 | 그리고책

주소 | 121-842 서울시 마포구 서교동 461-28 삭녕빌딩 1~2층
대표전화 | 02-717-5486~7 **팩스** | 02-717-5427
이메일 | editor@andbooks.co.kr **홈페이지** | www.andbooks.co.kr
출판등록 | 2003.4.4 제 10-2621호

편집 책임 | 이정순
편집 진행 | 이선미, 김아름, 안세은
마케팅 | 서은실, 이교준, 김성규
경영전략 | 박진희, 조영은
사진 | 이경섭 (www.polypic.co.kr)
푸드스타일링 | 임숙희, 김선미, 박성진 외 나인스파이스
디자인 | 임디자인

값 12,000원
© 2013 홍신애
ISBN 978-89-97686-23-0 13590

All rights reserved. First edition printed 2013. Printed in Korea.
· 이 책을 무단 복사, 복제, 전재하는 것은 저작권법에 저촉됩니다.
· 잘못 만들어진 책은 바꾸어 드립니다.
· 책 내용 중 궁금한 사항이 있으시면
  그리고책(Tel 02-717-5487, 이메일 hunter@andbooks.co.kr)으로 문의해 주십시오

매일매일 집에서 즐기는 100여 가지 카페스타일

EVERYDAY
샐러드 & 샌드위치

SALAD AND SANDWICH

| 홍신애 지음 |

그리고책
andbooks

여는 글

〈Everyday 샐러드&샌드위치〉로 인사드리네요.
안녕하세요, 홍신애입니다.

여러 가지 사정으로 참 오래 준비했던 책이 드디어 세상의 빛을 보게 되네요. 처음 이 책을 구상할 때부터 많은 분이 저처럼 건강하고, 맛있는 음식을 즐기길 바라는 마음이 컸습니다. 그런 마음 하나하나 놓치지 않고 레시피에 모두 담아 〈Everyday 샐러드&샌드위치〉를 펴냈습니다.

사실 저 역시도 샐러드와 샌드위치에 대한 편견이 있었어요. 한국인이라면 밥을 먹어야 힘이 나는데 빵과 채소, 햄 등으로 과연 한 끼가 될까? 라고요. 하지만 이게 웬걸요. 결혼 후 미국에서 생활하며 푸짐한 비주얼과 한입 가득 베어 물 때의 만족감을 잊지 못해 샐러드&샌드위치의 매력에 푹 빠져들었답니다. 하지만 매번 카페에서 샐러드와 샌드위치를 즐겨야 하는 게 좀 부담이 되었어요. 분명 먹을 땐 너무 좋은데, 먹고 나면 왠지 지갑이 아쉬워지는 그런 느낌이 들었거든요. 그래서 그때부터 카페에서 즐기던 그 맛을 재현해보기 위해 노력했답니다. 어렵고 복잡한 과정을 거쳐야만 만들어질 거라 생각했던 그 맛있는 샐러드&샌드위치들이 몇 가지 싱싱한 재료와 홈메이드표 드레싱만으로도 만들어지더라고요.

한국에 돌아와 여전히 요리와 관련된 일을 하며 무척 바쁘게 보내고 있어요. 그래서 가끔 밥 먹을 시간을 놓치기 일쑤인데요. 그럴 때 전 아주 익숙한 손동작으로 재료를 손질하고, 간편하게 드레싱을 만들어 샐러드&샌드위치를 뚝딱 만들어 먹습니다. 알고 보면 생각보다 만드는 방법도 무척 간단하고 맛내기도 쉬워 간편하게 한 끼로 즐기기에 딱 좋거든요. 이렇게 자주 샐러드&샌드위치를 즐기며 언젠가는 꼭 이 레시피들을 독자들과 공유하고 싶다는 생각을 했습니다. 그래서 그동안 연구해왔던 맛있는 샐러드&샌드위치 드레싱 만들기 비법이나 빵, 채소, 햄, 치즈에 관한 내용 모두 이 한 권에 넣기 위해 노력했습니다. 맛이면 맛, 건강이면 건강 무엇하나 빠지지 않는 메뉴를 엄선했고, 화려하진 않지만 진짜 집에서 해먹을 수 있는 실용만점의 레시피만을 담았습니다. 부디 이 책을 보시는 많은 분께서도 이제 지갑 얇아질 걱정 없이 샐러드&샌드위치를 집에서도 푸짐하게 즐기시길 바랄게요. 끝으로, 이 책을 함께 준비한 여러 스텝과 저를 도와준 제자들에게 특별히 감사의 인사를 전합니다. 감사합니다.

푸드스타일리스트, 요리연구가 **홍신애 드림.**

목차
contents

Part 1
샐러드&샌드위치를 만드는 야무진 준비

기본계량법 · 12
생소한 샐러드 & 샌드위치 재료정복
빵 · 14
채소 · 16
열매 & 과일 · 18
치즈 · 19
햄 · 20
향신료 · 21
양념 & 기타 · 22
더욱 맛있는 드레싱 만들기의 기본 · 24
드레싱 베이스1 마요네즈 · 25
드레싱 베이스2 올리브유 · 26
드레싱 베이스3 기타 · 28
샌드위치&샐러드 포장법 · 30

Part 2
초간단 샐러드&샌드위치

방울토마토샐러드 · 36
카프레제 · 37
연두부샐러드 · 38
상추샐러드 · 39
시금치샐러드 · 40
양송이샐러드 · 41
양배추코울슬로샐러드 · 42
콘샐러드 · 43
2색 콩샐러드 · 44
게살오이샐러드 · 45
아보카도또띠아샐러드 · 46
망고파파야샐러드 · 47
에그크랜베리샐러드 · 48
고구마딸기샐러드 · 49
시나몬베이글샌드위치 · 50
크랜베리샌드위치 · 51
에그크랜베리샌드위치 · 52
감자샌드위치 · 53
블랙올리브샌드위치 · 54
그릴드치즈샌드위치 · 55
햄치즈샌드위치 · 56
베이컨치즈샌드위치 · 57
갈릭치즈샌드위치 · 58
땅콩바나나샌드위치 · 59
딸기버터샌드위치 · 60
초코호두샌드위치 · 61
크로크무슈 · 62
만두위치 · 63

Part 3
한 끼로도 충분한 샐러드&샌드위치

가지두부샐러드 · 66
니스풍샐러드 · 68
그린올리브딥샐러드 · 70
튜나샐러드 · 72
시저샐러드 · 74
소시지채소샐러드 · 76
커리치킨샐러드 · 78
케이준치킨샐러드 · 80
로스트갈릭샐러드 · 82
해물샐러드 · 84
도미샐러드 · 86
장어샐러드 · 88
삼겹살부추샐러드 · 90
구운쇠고기연근샐러드 · 92
BLTE샌드위치 · 94
훈제연어크림치즈샌드위치 · 96
와사비치킨샌드위치 · 98
마늘치킨샌드위치 · 100
데리야키치킨샌드위치 · 102
소시지에그샌드위치 · 104
필리스테이크샌드위치 · 106
불고기샌드위치 · 108
삼겹살샌드위치 · 110
라이스버거 · 112
생선튀김샌드위치 · 114
튜나멜트 · 116

Part 4
특별한 날을 위한 샐러드&샌드위치

족발샐러드 · 120
프로슈토샐러드 · 122
훈제연어허브샐러드 · 123
파스타샐러드 · 124
단호박라면샐러드 · 126
누들샐러드 · 128
고구마에그넷샐러드 · 130
파프리카컵샐러드 · 132
하와이언샐러드 · 134
미니카프레제 · 136
브리치즈살구샐러드 · 138
딸기셔벗샐러드 · 140
월도프샐러드 · 142
젤리샐러드 · 143
프룻볼샐러드 · 144
핸드위치 · 146
영국식티샌드위치 · 148
잉글리쉬머핀에그베네딕트 · 150
롤핑거샌드위치 · 152
구운배블루치즈샌드위치 · 154
멜론햄샌드위치 · 156
새우아보카도샌드위치 · 158
새우토마토오픈샌드위치 · 160
피자샌드위치 · 162
살라미오렌지오픈샌드위치 · 164
애플파이샌드위치 · 166
와플아이스크림샌드위치 · 168

Part 5
집에서 즐기는 카페스타일 샐러드&샌드위치

그린샐러드 · 172
오리엔탈샐러드 · 174
구운새우샐러드 · 176
구운감자베이컨샐러드 · 178
치즈샐러드 · 180
블루치즈샐러드 · 182
오렌지치킨샐러드 · 184
소시지샐러드 · 186
비프스테이크샐러드 · 188
돼지갈비샐러드 · 190
3단 타워클럽샌드위치 · 192
호밀클럽오픈샌드위치 · 194
구운채소샌드위치 · 196
베지테리안샌드위치 · 198
머스터드치킨샌드위치 · 200
프레쉬모차렐라치킨샌드위치 · 202
몽테크리스토 · 204
볼로네즈햄샌드위치 · 206
볼케이노버거샌드위치 · 208
블루리코타치즈로스트파프리카샌드위치 · 210
에담치즈샌드위치 · 212

INDEX · 214

샐러드&샌드위치를 만드는 야무진 준비

카페에서 먹던 그 맛 그 감동을 이제 집에서도 즐겨 보세요. 카페스타일 샐러드&샌드위치의 꼭 필요한 필수 재료부터 기본소스와 드레싱 레시피. 여기에 시간이 지나도 눅눅해지지 않는 샐러드&샌드위치 포장노하우까지! 맛있게 즐기는 샐러드&샌드위치 만들기의 모든 것을 공개합니다.

PART 1

밥숟가락으로 쉽게 계량하기

💭 가루 분량 재기

설탕(1) — 숟가락으로 수북이 떠서 위로 볼록하게 올라오도록 담아요.

설탕(0.5) — 숟가락의 절반 정도만 볼록하게 담아요.

설탕(0.3) — 숟가락의 ⅓ 정도만 볼록하게 담아요.

💭 장 양념재기

다진 마늘(1) — 숟가락으로 수북이 떠서 꼭꼭 담아요.

다진 마늘(0.5) — 숟가락의 절반 정도만 꼭꼭 담아요.

다진 마늘(0.3) — 숟가락의 ⅓ 정도만 꼭꼭 담아요.

💭 액체 양념재기

간장(1) — 숟가락 한가득 찰랑거리게 담아요.

간장(0.5) — 숟가락의 가장자리가 보이도록 절반 정도만 담아요.

간장(0.3) — 숟가락의 ⅓ 정도만 담아요.

🌱 종이컵으로 분량 재기

밀가루(1컵=100g)
종이컵에 가득 담아 윗면을 깎아요.

육수(1컵=180ml)
종이컵에 가득 담아요.

아몬드($\frac{1}{2}$컵)

종이컵의 절반만 담아요.

🌱 손으로 분량 재기

콩나물(1줌)
손으로 자연스럽게 한가득 쥐어요.

시금치(1줌)
손으로 자연스럽게 한가득 쥐어요.

국수(1줌=1인분)
500원 동전 굵기로 가볍게 쥐어요.

🌱 그 외 알아두기

약간 소금이나 후춧가루 등을 약간 넣었다면 엄지와 검지로 살짝 집은 정도를 말해요.

필수 재료 필수 재료는 음식을 만들기 위해서 꼭 필요한 재료를 말해요.

선택 재료 선택 재료는 있으면 좋지만 기본적인 맛을 내는 데는 크게 영향을 끼치지 않는 재료를 말해요. 다른 비슷한 재료로 바꾸거나 생략이 가능해요.

양념 설탕, 간장, 식초, 다진 마늘, 고추장 등 요리의 맛을 내기 위해서 쓰이는 재료를 말해요.

'+' 표시의 의미 음식을 만들기 전에 미리 섞어 놓으면 좋은 양념이에요. 미리 섞어두면 숙성되면서 맛이 어우러져 더 깊은 맛을 내거든요. 재료에 +로 표시되어 있다면 미리 섞어두세요.

생소한 샐러드&샌드위치
재료 정복

많은 재료들이 어우러져 있어 맛있긴 한데 막상 만들려고 보면 뭐가 뭔지 모르겠고 헷갈리기만 하죠?
하지만 알고 보면 샐러드와 샌드위치에 쓰이는 재료들은 대부분 주위에서 쉽게 구할 수 있답니다.
샐러드와 샌드위치에 쓰이는 여러 종류의 채소와 빵 종류를 자세히 알려 드릴게요.
생소했던 재료들을 알고 나면 샐러드와 샌드위치를 만드는 방법이 더욱 쉬워질 거예요.

오트밀바게트
귀리를 볶아 만든 오트밀을 사용한 막대모양으로 생긴 프랑스빵. 밀로 만든 바게트 보다 부드럽고 고소한 맛이 많이 나요.

잉글리쉬머핀
영국의 전통빵으로 팽창제를 사용하지 않아 납작한 모양이 특징이에요. 샌드위치나 토스트 후 잼을 발라 먹는 용도로 많이 사용돼요.

치아바타
이스트를 넣고 반죽하여 올리브유를 발라 발효시킨 후 얇고 넓게 성형해 구워내는 이탈리아 빵이에요. 쫄깃하고 톡 쏘는 맛이 부드럽게 씹히는 빵의 식감과 잘 어우러져요.

햄버거빵
동그란 모양에 알맞게 주로 햄버거를 만들 때 사용하는 빵으로 고소하고 부드러운 맛이 특징이에요.

호밀빵
흑빵이라고도 불리며 독일 사람들이 가장 즐겨먹는 빵이에요.

식빵
네모난 모양으로 주로 토스트나 샌드위치에 사용돼요.

치즈식빵
일반적인 식빵에 롤치즈를 넣어 구워서 빵의 풍미를 더한 제품으로 그냥 먹어도 맛있어요.

모닝롤
여자 주먹만한 사이즈의 동그란 발효빵으로 한국에선 주로 아침에 먹는다 하여 모닝롤로 불려요. 서양에서는 롤브래드 또는 디너롤 등으로 불린답니다.

채소

겨자잎
겨자 열매가 열리기 전에 나는 잎.
겨자의 향이 그대로 살아 있고, 가장자리에 레이스 같이
꼬불꼬불한 모양이 특징이에요. 약간 매콤한 맛과 향이
입안을 개운하게 만들어요.

로메인
상추의 한 종류로 로마인들이 대중적으로
즐겨먹는 상추. 연하고 부드러운 이파리가
특징이며 단맛이 강해요.

레몬즙을 뿌리면
더욱 상큼해요.

베이비채소
각종 채소류의 잎이 어려 부드러울 때 수확한 채소.
로메인, 비타민, 치커리, 비트 등의 어린 싹들을 주로 먹
으며 다 큰 이파리들에 비해 달고 연한 맛이 좋아요.

비타민
십자화과의 녹황색 채소
동그랗고 도톰한 이파리 생김새가
특징적이며 달면서 쓴맛이 공존해요.

상추
유럽과 서아시아가 원산지인 국화과 채소.
우리나라에서는 색상에 따라 청상추, 적상추로 나누어져요.
크기가 작고 끝이 꼬불거리는 적상추는 특별히 꽃상추라
고 부르기도 해요.

치커리
북유럽이 원산지인 국화과 채소.
길고 가느다란 이파리 생김새가 특징이며 특유의 개운하
고 쓴맛이 나요.

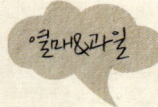

그린올리브

물푸레나무과의 식물 열매로 올리브기름,
피클 만드는 데 사용해요.

크랜베리

서양의 오미자라 불리는 달콤하고 새콤한 열매.
신장 기능을 향상하고 노화를 방지하는 데 도움이
된다고 해서 여성들이 선호하는 열매 중 하나예요.

망고

동남아시아가 원산지인 열대과일로
단맛이 나며 칼슘 함량이 높고 섬유질이 많아
요리에도 자주 사용돼요.

파파야
멕시코 남부가 원산지인 열대과일이에요.
파파야 안에 개구리 알 같은 검은색 씨가 있는 것이
특징이며 냉채 등의 요리에 자주 사용돼요.

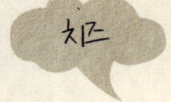

브리치즈 프랑스 브리 지방에서 생산되는 연성치즈 겉에 흰색 연성 곰팡이가 피어 있고 안에 크림형태의 부드러운 치즈가 들어있는 것이 특징이에요.

크림치즈 크림과 우유의 혼합물을 숙성시키지 않고 만든 치즈예요. 요리에 빠져서는 안 될 중요한 식재료 중 하나랍니다.

고르곤졸라 이탈리아의 피에몬테지방에서 소의 전유를 써서 숙성시킨 블루치즈의 일종이에요. 부드럽고 단맛이 나는 게 특징이에요.

에멘탈스위스치즈 스위스 에멘탈지방에서 생우유를 가열 압착해 숙성시킨 하드치즈예요. 미묘한 호두 향과 어렴풋한 단맛이 도는 것이 특징이에요.

후레쉬모차렐라 이탈리아가 원산지이며 물소의 젖으로 만든 치즈예요. 공이나 타원형 모양으로 조형한 후 수분을 유지할 수 있도록 물에 넣어 저장한답니다.

블루치즈 곰팡이로 숙성시킨 치즈예요. 숙성시킬 때에는 푸른곰팡이의 일종인 페니실륨로케포르티가 중요한 구실을 해요.

에담치즈 네덜란드의 대표 치즈로 빨간색 왁스 코팅이 되어 있어요. 짭짤한 맛과 씹을수록 고소하고 깊은 향이 인상적인 숙성치즈예요.

슬라이스햄
돼지 허벅지살 등을 염장하여 가공한 햄으로 주로 햄치즈샌드위치의 재료로 사용돼요.

프로슈토
이탈리아어로 '조리되지 않고 말린 햄'이라는 뜻이에요. 대부분 돼지의 허벅다리 부분을 염장해서 말리고, 숙성해서 만든 생 햄을 말해요.

살라미
마늘 등의 양념을 넣어 발효, 건조시킨 이탈리아 소시지예요.

루벤햄
'콘비프', '루벤파스트라미'라고 불리는 햄이에요. 쇠고기를 소금물에 절여 살결을 연하게 한 뒤 쪄서 만들어요.

터키햄
칠면조 고기로 만들어 담백함이 살아있는 햄으로 얇게 슬라이스해 판매되기 때문에 샌드위치에 넣어먹기 좋아요.

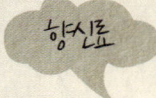 향신료

딜
쌍떡잎식물로 미나리과의 한해살이 풀이에요. 주로 지중해 연안에서 재배되고, 싸한 향이 특징이에요. 연어나 양고기의 잡내를 없애는 향료로 주로 사용된답니다.

케이퍼
케이퍼의 꽃봉오리를 이용하여 소금과 식초에 절여 만든 향신료예요. 주로 연어와 잘 곁들여지며 시저샐러드드레싱에도 들어가는 중요한 재료랍니다.

병아리콩
유럽과 인도지역에서 재배되는 콩의 한 종류예요. 콜레스테롤을 저하시키는 기능이 있고, 전체적으로 흰색을 띠고 있으며 주로 우리나라에서는 통조림 형태로 구입이 가능해요.

강황
우리가 알고 있는 카레의 주재료이며 생강과의 한해살이풀로 생강과 생김새가 거의 흡사해요. 맵고 쓴맛이 나며 노란색이 특징이랍니다.

바질
바질은 허브의 왕이라 불려요. 토마토와 잘 어울려 이탈리아 요리에 주로 이용된답니다. 생잎으로 식용이 가능하며 말려 요리에 활용하거나 차에 우려 마시기도 해요.

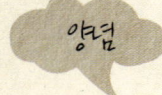 양념

홀스래디쉬
서양 와사비로 겨자의 뿌리를 갈아 절여 놓은 것이에요. 적은 양만 사용해도 맵고 톡 쏘는 맛이 입안을 개운하게 해주는 역할을 한답니다.

코코넛밀크
코코넛 과육으로부터 얻은 달콤하고 우유 빛을 띠는 재료예요. 코코넛이 가지고 있는 식물성 기름은 요리의 맛을 더욱 부드럽고 진하게 만들어 주기 때문에 강한 향신료와 같이 사용하면 좋아요.

할라피뇨
멕시코고추로 매운맛이 강하며 육질이 두꺼워 아삭아삭 씹는 맛이 있어요. 한국에서는 서양음식에 곁들여 먹는 피클고추로 주로 이용돼요.

엔초비
우리나라 멸치 같은 서양 정어리를 소금에 절인 재료예요. 짭조름한 맛으로 주로 샐러드나 피자 등에 넣어 먹어요.

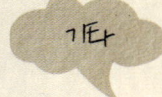 기타

치킨브로스
닭고기로 만든 육수에 조미료를 첨가한 것으로 주로 캔에 넣어 액체 상태로 판매돼요.

얌운센
태국의 샐러드 국수. 해물, 야채 등을 첨가하여 만든 우리나라 잡채 같은 음식이에요. 주로 차가운 샐러드로 즐겨먹어요.

커리파우더
10여 가지의 다양한 향신료 가루를 섞어놓은 것이에요. 주로 강황과 큐민 등이 섞인 향신료를 말해요.

생소한 재료, 이곳에 가면 다 있어요!

남대문수입상가
통조림, 허브 등 수입 음식재료를 다양하게 살 수 있는 곳이에요. 가격이 천차만별이니 단골집을 정하는 것이 알뜰쇼핑의 필수랍니다. 가기 전 구매해야 할 제품 리스트를 꼼꼼히 정리해 정확한 정보를 비교해가며 구입하는 것이 좋아요. 지하철 5호선 회현역 위치.

고속터미널반포상가 5동
강남에서 가장 오래된 수입상가예요. 다양한 통조림과 양념뿐만 아니라 국내에서 구하기 어려운 다양한 나라의 주방도구나 가전제품, 스타일링 소품까지 원스톱 쇼핑이 가능한 곳이라 자주 이곳을 찾는답니다.
3호선 · 7호선 · 9호선 고속터미널역 경부선방향

더 맛있는 드레싱
만들기의 기본!

소스에는 여러 종류가 있어요. 음식 위에 뿌려먹는 기본소스나 찍어먹는 디핑소스, 버무려 먹을 수 있는 드레싱, 발라먹는 스프레드까지! 이 중 버무릴 수 있는 소스를 통틀어 드레싱이라 불러요. 많은 분들이 샐러드와 샌드위치에 곁들여 먹는 드레싱 만들기를 번거롭다고만 생각하는데요. 몇 가지 원칙만 지킨다면 '드레싱 만들기' 더 이상 어렵지 않아요.

1. 설탕을 녹이는 것부터 시작해 오일을 섞는 것으로 마무리해요.
설탕이 녹지 않으면 쓴맛이 나고 단맛이 부족해져 맛있는 드레싱은 물 건너가요. 집에서 드레싱을 만들면 뭔가 부족하다고 느끼는 이유 중 하나가 이 설탕을 완전히 녹이지 않았기 때문이에요. 설탕은 기본적으로 물에 잘 녹기 때문에 완전히 녹인 후 다른 재료를 섞어주세요. 설탕을 완전히 녹이지 않으면 설탕 입자가 오일로 코팅되어 녹지 않은 채 서걱서걱 씹히게 돼요.

2. 모든 재료는 먹기 직전 순서대로 섞어 만들어주세요.
의외로 많은 분들이 순서 없이 드레싱을 섞어 만들더라고요. 이럴 경우 모든 재료들이 마치 물과 기름처럼 서로 어울리지 못해 본연의 맛을 낼 수 없으니 꼭 순서대로 섞어주세요. 또한, 드레싱을 잘못 보관하면 맛과 향이 변하는 경우가 있어요. 따라서 양껏 만들기보다는 먹기 직전 그때그때 만들어 냉장보관하세요. 단, 1주일 넘게 보관하는 건 삼가세요.

3. 정말 바쁠 땐 시판용 드레싱을 활용해 보세요.
미처 재료가 준비되어 있지 않거나 정말 급할 땐 시판용 드레싱을 사용해도 좋아요. 홈메이드 드레싱은 직접 만들기 때문에 보관에 신경 써야 하는 반면 시판용 드레싱은 보관기간이 길고, 맛이 더욱 다양해 여러 샐러드에 활용하기 좋아요.

오뚜기 드레싱은 건강지향적 컨셉으로 EDTA(산화방지제)를 전혀 첨가하지 않아 더욱 건강한 샐러드를 즐길 수 있어요. '참깨', '레드와인발사믹', '오리엔탈논오일' 등 액상으로 즐길 수 있는 드레싱 제품과 '1000아일랜드', '허니머스타드', '코울슬로', '홀그레인머스타드', '타타르' 등 상온유화 제품으로 나누어 있으니 기호와 취향에 따라 골라먹기에도 좋아요.

드레싱 베이스1
마요네즈드레싱

마요네즈는 식물성 기름에 달걀노른자의 레시틴 성분을 더해 고형화한 소스예요. 흰 반고체 형태로 되어 있고 고소한 맛이 특징이랍니다. 마요네즈로 만든 드레싱은 뚝뚝 끊어지며 다소 무거운 반고체 형태를 띠고 있어요.

허니머스터드

궁합재료	닭튀김, 양상추, 오이
드레싱재료	마요네즈($\frac{1}{2}$컵)+꿀(2)+엘로우머스터드(2)+레몬즙(1)+홀스레디쉬(약간)
How to	볼에 **드레싱재료**를 모두 넣어 섞어 마무리.
플러스Tip	드레싱 용도로 만들 때는 오렌지주스(2)를 넣어 묽게 만들어 샐러드에 가볍게 뿌려 먹어요.

타르타르

궁합재료	생선요리
드레싱재료	마요네즈(4)+피클 다진 것(1)+삶은 계란($\frac{1}{2}$분량)+다진 양파(1)+다진 마늘(약간)+레몬즙(약간)+후추(약간)
How to	볼에 **드레싱재료**를 모두 넣어 섞어 마무리.
플러스Tip	씹는 느낌을 좋아하는 분들은 피클을 조금 큼지막하게 다져서 만들어 보세요.

와사비 마요네즈

궁합재료	돼지고기, 새우, 양배추
드레싱재료	마요네즈(4)+와사비(1)+레몬즙(약간)
How to	볼에 **드레싱재료**를 모두 넣어 섞어 마무리.
플러스Tip	꿀로 당도 및 농도를 조절해주세요. 꿀이 들어가면 좀 더 묽어지고 색이 투명해질 뿐만 아니라 부드럽게 감기는 맛이 더욱 달콤하고 풍부해져요.

드레싱 베이스2
올리브유드레싱

올리브유를 주재료로 한 드레싱을 '올리브유드레싱'이라고 불러요.
올리브유베이스드레싱은 주르륵 흐르는 액체 상태의 질감을 가지고 있으며 우리 몸의 노폐물을
배출하고, 몸의 균형을 유지하는 역할을 한답니다. 또한 불포화 지방산을 다량 함유하고 있어
건강에 좋은 웰빙 드레싱으로도 알려져 있어요.

이탈리안

궁합재료	훈제 연어, 파프리카, 양상추
드레싱재료	설탕(2), 식초(2), 소금(약간), 바질(½), 다진 마늘(½), 올리브유(2), 레몬즙(약간)
How to	설탕(2), 식초(2), 소금(약간), 바질(½), 다진 마늘(½)을 넣고 잘 저어 섞고, 설탕이 모두 녹으면 올리브유(2)을 넣어 분리되지 않게 재빨리 섞은 뒤 레몬즙을 뿌려 마무리.
플러스Tip	바질이 없다면 같은 분량의 오레가노도 좋아요.

발사믹

궁합재료	관자, 새우, 고기, 채소 등 거의 모든 재료.
드레싱재료	설탕(1.5)+발사믹(2)+소금(약간)+바질(½)+다진 마늘(½)+올리브유(2)+레몬즙(약간)+후추(약간)
How to	냄비에 **드레싱재료**를 한꺼번에 넣고 약한 불로 거품이 생길 때까지 끓여 주세요.
플러스Tip	너무 오래 끓이면 졸아들기 때문에 거품이 가운데로 모이기 시작하면 불을 끄고 식혀 마무리.

프렌치

궁 합 재 료	토마토, 새싹채소, 루벤햄, 닭고기
드레싱재료	설탕(2)+식초(2)+물(1)+다진 양파(1)+타임($\frac{1}{2}$)+후추(약간)+ 토마토 페이스트(1)+소금(약간)+올리브유(2)+레몬즙(약간)
How to	볼에 **드레싱재료**를 모두 넣어 섞어 마무리.
플러스Tip	드레싱재료들이 서로 잘 섞일 수 있도록 식초에 설탕을 먼저 녹인 후 나머지 드레싱재료를 넣고 맨 마지막에 올리브유를 넣어주세요. 올리브유가 없다면 같은 분량의 식용유나 포도씨유를 넣어 사용해도 좋아요.

오리엔탈

> 육류는 특히 쇠고기와 닭고기가
> 잘 어울려요. 살코기보다는 약간
> 기름기 있는 부위로 준비해주세요.

궁 합 재 료	육류, 두부
드레싱재료	설탕(2)+식초(2)+간장(2)+다진 마늘($\frac{1}{2}$)+와사비($\frac{1}{2}$)+ 참기름(1)+올리브유(2)+후추(약간)+레몬즙(약간)
How to	볼에 **드레싱재료**를 모두 넣어 섞어 마무리.
플러스Tip	굴소스를 넣을 경우 짭조름한 맛과 굴 특유의 맛이 더해져 깊고 진한 맛을 느낄 수 있어요. 참깨를 넣을 경우 고소한 맛뿐만 아니라 시각적으로도 더욱 먹음직스러워 보여요.

드레싱 베이스3
기타드레싱

올리브유나 마요네즈를 활용하지 않고 다양한 드레싱들을 만들 수 있어요.
특히 과일이나 견과류 등을 사용하면 재료 본연의 자연스러운 맛을 살릴 수 있답니다.
더욱 색다른 맛을 원한다면 냉장고 속에 숨어있는 다양한 재료를 활용해 드레싱을 만들어 보세요.
맛도 좋고 건강에도 좋은 홈메이드표 드레싱을 맛볼 수 있어요.

두부 참깨

궁합재료	구운 채소나 육류
드레싱재료	두부(⅓모)+참깨(1)+땅콩(2)+식초(1)+설탕(1)+소금(약간)+올리브유(1)+ 양파(⅓개)+레몬즙(약간)+우유(⅓컵)
How to	드레싱재료를 블렌더에 넣어 곱게 갈아 준비하세요.
플러스Tip	두부는 단단한 부침용을 사용하세요. 연두부나 생식용 두부는 수분이 너무 많아 드레싱이 묽어진답니다.

피넛소스

궁합재료	구운 채소나 닭고기류, 새우
드레싱재료	땅콩(2)+ 땅콩버터(2)+ 사과(⅓쪽)+ 양파(⅓개)+식초(1)+설탕(1)+ 다진 마늘(약간)+ 간장(1)+ 마요네즈(2)+물(4)+후추(약간)
How to	드레싱재료를 블렌더에 넣어 곱게 갈아 준비하세요.
플러스Tip	너무 되직한 드레싱이 싫다면 물의 양을 늘리면 돼요. 물 대신 동량의 코코넛밀크나 우유를 넣으면 더욱 맛있고 부드러워진답니다.

과일드레싱

궁 합 재 료	모든 재료와 다 잘 어울려요.
드레싱재료	사과(1쪽)+통조림 파인애플(1쪽)+체리(2개)+레몬(1쪽)+마늘(1쪽)+설탕(1.5)+소금(약간)+식초(2)+올리브유(2)+양파(⅛개)+후춧가루(약간) +물(2)
How to	드레싱재료를 블렌더에 넣어 곱게 갈아 준비하세요.
플러스Tip	과일의 특성상 오랫동안 보존하기 힘들어요. 따라서 먹기 직전 바로 만들어 냉장고에 보관 후 차게 만들어 드세요. 단, 냉장보관을 오래할 경우 물이 많이 생기고 재료끼리 분리되기 때문에 맛이 변할 수 있어요.

바질페스토

궁 합 재 료	쇠고기, 돼지고기 등 육류 및 채소 과일 밀가루 면과도 잘 어울려 소스로 활용하기 좋아요.
드레싱재료	바질(2줌)+풋고추(1개)+소금(약간)+잣(2)+파마산치즈가루(1)+다진 마늘(1)+올리브유(2)+후추(약간)+레몬즙(약간)
How to	드레싱재료를 블렌더에 넣어 곱게 갈아 준비하세요.
플러스Tip	바질, 잣, 치즈, 마늘 등을 갈 때는 올리브유를 살짝 넣어 갈아주세요. 마지막에 레몬즙(1)을 넣어주면 상큼한 향과 맛이 소스에 어우러져 더욱 감칠맛 난답니다.

보기 좋고 먹기 좋은
샐러드&샌드위치 포장법

잘 만든 샐러드와 샌드위치도 어떤 방법으로 포장하느냐에 따라 그 맛이 달라진답니다.
포장은 요리를 위생적으로 잘 보존해주면서도 요리의 첫인상을 결정짓기도 하거든요.
각 요리에 맞는 포장법으로 정성껏 만든 샐러드와 샌드위치를 한 단계 더 업그레이드 해 보세요.

01 로맨틱 리본 포장법
투명한 플라스틱 도시락 통에 리본을 묶어 포장을 해 보세요.
리본 하나로 피크닉 도시락이나 선물용으로 좋은 로맨틱한
포장법이 완성돼요.

02 도시락편지 포장법
분홍 일회용 도시락 통에 리본과 도시락 편지를 넣어서 장식하세요.
샐러드와 샌드위치를 모두 한 도시락 통에 담고 사랑하는 사람에게 보내는 도시락 편지까지 곁들이면
금상첨화죠. 도시락 가방이 따로 필요 없도록 손잡이가 있는 도시락 통을 이용하면 더 편리해요.

03 철사&리본 끈으로 데코한 투명 플라스틱 포장법
작은 모닝빵, 롤빵 등의 샌드위치는 1개씩 투명 플라스틱 봉투를 이용해 각을 잡아 포장하면 세련되고 예뻐 보여요. 특히 샌드위치를 먹는 인원이 많을 경우, 이렇게 포장해 놓으면 멋진 뷔페 상차림까지 가능해요.

04 기름종이와 노끈을 이용한 샌드위치 포장법
수분 흡수에 탁월한 기름종이를 이용해 보세요. 샌드위치의 수분을 그대로 유지해 촉촉한 맛을 그대로 느낄 수 있는 실용적인 포장법이에요. 영문 프린트가 되어 있는 기름종이나 노란색, 흰색의 다양한 기름종이는 제과제빵 전문매장 뿐만 아니라 대형 마트에서도 종이호일이란 이름으로 판매되고 있어 구입도 용이해요. 노끈 대신 스티커를 붙이는 것도 멋스럽겠죠.

05 신문지 포장법

콩기름으로 인쇄되어 인체에 무해한 신문지를 멋스럽게 이용하는 것도 하나의 방법이에요. 간단한 노끈이나 리본만 있으면 도시적인 느낌의 샌드위치포장이 완성돼요. 신문지에 싸기 전 샌드위치를 반드시 랩으로 한 번 감싸줘야 샌드위치의 수분 때문에 신문지가 찢어지는 일이 없어요.

06 지퍼팩 포장법

샐러드는 지퍼팩에 담아 공기를 가득 넣어 빵빵하게 포장한 후 먹기 바로 직전 드레싱을 뿌려 흔들어 먹으면 편해요. 또 지퍼팩의 위쪽을 동그랗게 오리거나 간단하게 리본 정도만 묶어주면 독특한 개성이 담긴 지퍼팩, 도시락팩, 쇼핑백이 완성돼요.

07 페트병&캔 포장법
빈 페트병을 잘라 비닐과 리본으로 장식하거나 캔을 깨끗하게 헹궈 샐러드를 담은 후
윗면을 파치먼트페이퍼로 덮어 포장해 보세요. 따로 용기를 구입하지 않은 에코포장법이랍니다.

08 약병을 활용한 포장법
약병을 이용한 포장법은 어떠세요?
흐르거나 새기 쉬운 드레싱을 약병에 담아 보관하면 야외에 가지고 나갈 때 아주 유용해요.
샐러드에 뿌릴 때 양까지 조절할 수 있어 더욱 좋아요.

초 간 단 샐 러 드 & 샌 드 위 치

간단한 재료만으로도 근사한 샐러드와 샌드위치를 만들 수 있어요.
쉽고 간편하게 만들 수 있어서 바쁜 아침 식사대용이나 한 끼 식사로도 훌륭해요.
한 가지 재료의 부족한 맛과 영양은 드레싱이 채워줘 든든해요!

PART 2

다이어트에 최고!
방울 토마토 샐러드

1 방울토마토는 끝에 십자모양으로 칼집을 넣고,

2 냄비에 물을 넣고 끓이다 20초간 살짝 담갔다 건져 찬물로 열을 식힌 뒤 손으로 껍질을 벗긴 다음 냉장보관하고,

필수 재료
방울토마토(24개)

양파드레싱
설탕(1)+
다진 양파(2)+
식초(2)+
올리브유(2)+
레몬즙(약간)+
소금(약간)

3 **양파드레싱**을 만들고,

4 방울토마토에 양파드레싱을 버무려 마무리.

" 상큼한 방울토마토와 알싸한 양파드레싱의 조화가 색다른 맛을 느끼게 해줘요."

토마토와 치즈의 환상 궁합
카프레제

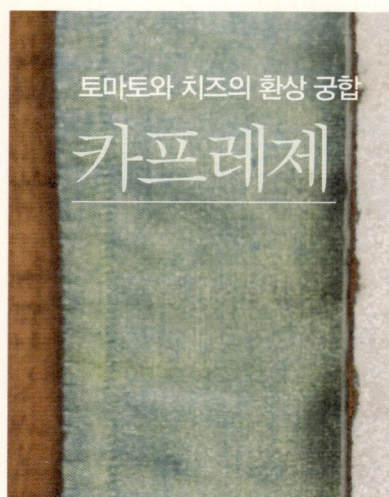

말풍선: 토마토가 클 때는 한 번 더 반으로 썰어 주세요.

1 토마토는 모양을 살려 동그랗게 썰고.

2 모차렐라치즈도 토마토와 같은 모양으로 동그랗게 썰고.

필수 재료
토마토(1개),
모차렐라치즈
(1덩어리=80g)
바질페스토드레싱 29p

말풍선: 블렌더로 갈 때는 물 2큰술 정도 더 넣어야 부드럽게 잘 갈아져요.

3 바질페스토드레싱을 만들고.

4 접시에 치즈와 토마토를 순서대로 켜켜이 놓고 바질페스토드레싱을 뿌려 마무리.

" 신선한 카프레제와 싱그러운 향이 일품인 바질페스토드레싱을 곁들인다면 홈메이드표 이탈리아 정통 카프레제 완성!"

보들보들 부드러운 연두부의 무한변신

연두부 샐러드

필수 재료
연두부(1모=300g)

선택 재료
쪽파(5cm)

간장드레싱
설탕(0.5)+간장(1)+
식초(1)+다진 마늘(0.2)+
올리브유(1)+레몬즙(약간)

1 연두부는 끓는 물에 10초 정도 가볍게 데치고,

2 간장드레싱을 만들고,

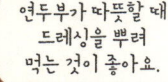
연두부가 따뜻할 때 드레싱을 뿌려 먹는 것이 좋아요.

3 데친 연두부를 정사각형 모양으로 작게 자르고,

4 연두부 위에 간장드레싱을 고루 뿌려 마무리.

" 부드러운 연두부에 짭조름한 간장 드레싱을 더했어요. 입은 즐겁고 몸은 가벼워져요. "

고기요리에 딱 어울리는
상추 샐러드

샐러드는 물기 빼는 것이 중요해요. 물기를 남김없이 제거해 주세요.

1 꽃상추는 잘 씻은 후 물기를 빼고.

2 먹기 좋은 크기로 뜯고.

3 **드레싱**을 만들고.

4 상추 위에 드레싱을 고루 버무려 통깨(약간)를 뿌려 마무리.

필수 재료
꽃상추(20장)

선택 재료
통깨(약간)

드레싱
설탕(0.5)+간장(1)+레몬즙(0.3)+
식초(1)+다진 마늘(0.3)+
다진 양파(1)+올리브유(1)+
참기름(1)+후춧가루(약간)

" 고기 먹을 때 절대 빼놓을 수 없는 상추! 이제 상추샐러드로 가볍게 즐겨 보세요."

먹으면 먹을수록 젊어지는
시금치 샐러드

1 시금치는 잘 씻은 후 꼭지를 떼어 다듬고,

2 끓는 물에 소금(약간)을 넣고 시금치를 데쳐 찬물에 넣어 식힌 후 물기를 짜고,

필수 재료
시금치(1단), 소금(약간)

드레싱
설탕(0.3)+간장(1)+
식초(1)+레몬즙(0.3)+
다진 마늘(0.2)+들기름(1)+
올리브유(1)+후춧가루(약간)

3 드레싱을 만들고,

4 시금치에 드레싱을 고루 버무려 마무리.

" 타임지에서 선정한 세계 10대 수퍼푸드 중 하나인 그린푸드 시금치의 무한 변신! "

생으로 먹어도 맛있어요!
양송이 샐러드

1 양송이는 꼭지를 떼고 이물질을 잘 털어 껍질을 벗겨 준비하고,

2 드레싱을 만들고,

필수 재료
양송이(18개)

드레싱
레몬즙(0.5)+다진 양파(2)+
다진 마늘(0.3)+
마요네즈(2)+
후춧가루(약간)

레몬즙을 뿌리면 더욱 상큼해요.

3 양송이에 드레싱을 고루 버무려 마무리.

" 양송이버섯을 생으로 먹을 수 있는지 모르셨다고요? 신선한 양송이는 생으로 먹어야 더 많은 영양분을 섭취할 수 있답니다. 자연의 맛을 그대로 느낄 수 있는 양송이샐러드! "

패스트푸드점의 코울슬로는 잊어주세요
양배추 코울슬로 샐러드

1 양배추는 깨끗이 씻은 다음 물기를 빼서 채 썰고.

2 드레싱을 만들고.

필수 재료
양배추(¼통)

드레싱
설탕(0.5)+식초(0.7)+
레몬즙(0.5)+다진 마늘(0.2)+
홀스래디쉬(0.2)+
씨겨자(1)+마요네즈(3)

당근을 채 썰어 넣으면 색이 어우러져 더욱 보기 좋아요.

3 양배추에 드레싱을 뿌려 고루 섞어 마무리.

" 패스트푸드점의 양배추 코울슬로 한 번쯤은 맛보셨죠? 들어가는 재료가 양배추 하나뿐인데도 자꾸만 손이 가는 샐러드랍니다. 이제 집에서도 제대로 만들어 보세요."

알이 톡톡! 씹을수록 맛있는

콘 샐러드

1 옥수수는 체에 밭쳐 물에 한 번 씻어 물기를 빼고,

2 고추드레싱을 만들고,

필수 재료
옥수수캔(2컵)

고추드레싱
다진 청고추(1)+
다진 홍고추(1)+
마요네즈(4)

3 옥수수에 고추드레싱을 버무려 마무리.

" 씹을수록 입안 가득 달콤함과 고소함이 일품인 콘샐러드! 프라이드치킨이나 햄버거 등에도 잘 어울리는 샐러드예요. 톡톡 터지는 옥수수알이 매력적인 콘샐러드를 집에서도 쉽게 만들어 보세요. "

색도 곱다! 맛도 좋다!
2색 콩샐러드

1 병아리콩과 강낭콩은 통조림에서 꺼내 흐르는 물에 씻고,

2 콩드레싱을 만들고,

필수 재료
병아리콩 통조림(6),
강낭콩 통조림(6)

콩드레싱
파슬리가루(0.6)+설탕(2)+
식초(2)+다진 마늘(0.6)+
다진 양파(2)+올리브유(2)+
소금(약간)

또띠아를 잘라 기름에 살짝 지져 곁들이면 좋아요.

3 두 가지 콩과 콩드레싱을 잘 버무려 마무리.

" 콩으로도 샐러드를 만든다고요?
게다가 두 종류의 콩을 한 번에
먹을 수 있다고요?
맛도 모양도 예쁜 콩 요리의 대표주자,
콩샐러드예요. 건강한 샐러드의
진수란 바로 이런 걸 말하죠! "

쫀득한 게살과 상큼한 오이의 만남!
게살 오이 샐러드

1 크래미게맛살은 잘게 찢고,

2 오이는 돌려 깎아 채 썰어 소금(약간)에 잠시 절였다가 물기를 짜고,

필수 재료
크래미게맛살(6개),
오이(1개), 소금(약간)

양파드레싱
파슬리가루(0.3)+레몬즙(0.3)+
다진 양파(2)+마요네즈(2)

3 **양파드레싱**을 만들고,

4 절인 오이와 게맛살에 양파드레싱을 버무려 마무리.

이국적인 멕시코 스타일
아보카도 또띠아 샐러드

> 아보카도는 수저를 이용해 파내면 편해요.

1 아보카도는 씨를 제거하고 껍질을 벗겨 주사위 모양으로 작게 썰고,

2 또띠아는 아보카도 크기에 맞게 작게 잘라 식용유(1)를 두른 팬에 노릇하게 지지고,

필수 재료
아보카도(1개), 또띠아(1장)

토마토드레싱
잘게 썬 토마토(1개 분량)+
설탕(0.3)+식초(1)+
다진 양파(1)+다진 마늘(0.2)+
다진 고수(0.3)+
올리브유(0.5)+소금(약간)

3 **토마토드레싱**을 만들고,

4 아보카도와 또띠아에 토마토드레싱을 버무려 마무리.

" 비타민 D가 풍부하고, 천연 노화 방지제로 잘 알려진 아보카도! 노릇하게 지져낸 또띠아와 함께 샐러드로 즐겨 보세요. "

열대과일의 색다른 맛과 멋!

망고 파파야 샐러드

망고는 가운데 씨를 피해 살을 도려내 안쪽에 칼집을 넣고 껍질을 뒤집어 썰어 주세요.

파파야는 꼭지 흰 부분에서 쓴맛이 나니 꼭 잘라 주세요.

1 망고, 파파야는 껍질을 벗겨 주사위 모양으로 작게 썰고,

2 피시소스타이드레싱을 만들고,

필수 재료
망고(1개), 파파야(1개)

피시소스타이드레싱
설탕(1.5)+식초(2)+
레몬즙(0.3)+다진 양파(1)+
다진 고수(0.5)+피시소스(0.5)+
올리브유(2)+후춧가루(약간)

3 망고, 파파야에 피시소스타이드레싱을 넣고 고루 버무려 마무리.

" 모든 사람들에게 사랑받는 열대과일 망고와 파파야예요. 두 열대과일의 환상의 궁합 궁금하시죠? 간단하게 만들어 완성하는 피시소스타이드레싱을 곁들이면 특유의 달콤한 과일 맛은 물론이고 깊고 진한 맛까지 함께 느낄 수 있어요. "

이거 하나면 한 끼가 든든!
에그 크랜베리 샐러드

1 달걀을 완숙으로 삶아 포크로 으깨고,

2 크랜베리는 잘게 다지고,

필수 재료
달걀(3개), 크랜베리(2)

호두드레싱
레몬즙(0.3)+다진 호두(1)+
다진 양파(1)+씨겨자(0.5)+
마요네즈(2)+후춧가루(약간)

3 호두드레싱을 만들고,

4 으깬 달걀에 크랜베리, 호두드레싱을 넣고 고루 버무려 마무리.

" 달걀로 만들어 우리에게 익숙한 샐러드예요. 고소하고 담백한 삶은 달걀에 상큼한 크랜베리가 더해져 맛과 영양이 더욱 풍부해졌어요. "

달콤한 부드러움이 입안을 행복하게 만드는

고구마 딸기 샐러드

1 요구르트드레싱을 만들고,

플레인요구르트가 없다면 흰 우유를 약간만 넣어줘도 좋아요.

2 고구마는 무르게 쪄 껍질을 벗기고,

필수 재료
고구마(큰 것, 2개), 딸기(6개)

요구르트드레싱
설탕(0.7)+레몬즙(0.3)+
플레인 요구르트(3)+
마요네즈(1)

3 딸기는 작게 자르고,

4 고구마에 요구르트드레싱을 넣고 잘 으깬 뒤 딸기를 섞어 마무리.

" 달콤한 고구마에 상큼한 딸기를 곁들여 보세요. 여기에 상큼한 요구르트드레싱까지 곁들이면 달콤한 웰빙 샐러드 완성! "

뉴요커가 즐기는
시나몬 베이글 샌드위치

1 베이글은 가로로 반 갈라 토스트 하고,

2 시나몬크림치즈스프레드를 만들고,

필수 재료
베이글(2개)

시나몬크림치즈스프레드
시나몬가루(0.6)+
크림치즈(4)+꿀(2)

3 베이글에 시나몬크림치즈 스프레드를 발라 뚜껑 덮어 마무리.

" 베이글에 늘 따라다니는 크림치즈가 식상하다고요? 시나몬의 매콤한 계피향과 고소한 베이글의 만남! 이제 간단한 베이글샌드위치 하나로 뉴욕의 느낌을 만끽해 보세요."

상큼한 크랜베리가 가득!
크랜베리 샌드위치

1 호밀빵은 토스트 하고,

2 크랜베리를 다져 나머지 **크랜베리스프레드** 재료에 넣어 크랜베리스프레드를 만들고,

필수 재료
호밀빵(4쪽)

크랜베리스프레드
크랜베리(2), 레몬즙(0.3), 크림치즈(4), 꿀(2)

3 호밀빵에 크랜베리스프레드를 발라 뚜껑을 덮어 마무리.

" 서양의 오미자 크랜베리와
고소한 호밀빵의 환상적인 만남! "

아이들에게 인기만점!

에그 크랜베리 샌드위치

1 모닝빵은 반으로 갈라 달군 마른 팬에 토스트 하고,

2 달걀은 완숙으로 삶아 포크로 으깨고,

필수 재료
모닝빵(4개)

선택 재료
치커리(1줌)

에그스프레드
삶은 계란(2개), 마요네즈(2),
다진 양파(1), 다진 크랜베리(1),
후춧가루(약간)

3 으깬 삶은 달걀에 나머지 **에그스프레드** 재료를 넣어 에그스프레드를 만들고,

4 모닝빵에 치커리를 깔고 에그스프레드를 고루 얹은 뒤 뚜껑을 덮어 마무리.

" 누구나 좋아하는
에그샐러드에 다진
크랜베리를 넣어 보세요.
담백한 달걀에
새콤달콤한 크랜베리가
더해져 색다른 맛을
느낄 수 있어요. "

배고플 때 생각나는
감자 샌드위치

1 호밀빵은 토스트 하고,

2 감자는 껍질을 벗겨 크게 썬 뒤 버터(1)와 함께 삶아 뜨거울 때 으깨고,

감자를 삶을 때 버터를 넣으면 훨씬 부드럽고 풍성한 감칠맛을 느낄 수 있어요.

필수 재료
호밀빵(4장)

선택 재료
버터(1)

감자스프레드
삶은 감자(2개), 레몬즙(0.3), 다진 양파(1), 씨겨자(0.5), 마요네즈(3), 후춧가루(약간)

3 으깬 감자에 나머지 **감자스프레드** 재료를 넣어 감자스프레드를 만들고,

4 호밀빵에 감자스프레드를 발라 뚜껑을 덮어 마무리.

" 늘 먹던 감자로 만드는 참 맛있는 샌드위치! 든든하기까지 해서 한 끼 식사로도 손색없어요. 영양도 좋고 맛도 좋은 감자샌드위치! "

포실포실 감자샐러드와 상큼한 블랙올리브의 조화!

블랙 올리브 샌드위치

1 감자는 껍질을 벗겨 크게 썬 뒤 버터(1)와 함께 삶고.

2 삶은 감자, 블랙올리브에 파마산치즈가루(2), 다진 마늘(약간), 생크림(4)을 넣고 으깨면서 버무려 살짝 **밑간**하고.

필수 재료
모닝빵(6개), 버터(1), 감자(2개), 블랙올리브(8알), 치커리(1줌), 양파채(½개)

밑간
소금(약간), 후춧가루(약간)

양념
파마산치즈가루(2), 다진 마늘(약간), 생크림(4), 마요네즈(2)

3 양파는 채 썰어 물에 잠시 담갔다 빼서 물기와 아린 맛을 제거하고, 치커리는 잘 씻어서 준비하고.

4 모닝빵 반 갈라 안쪽에 마요네즈를 살짝 바르고 양파채와 치커리를 넣은 뒤 버무린 감자를 넣고 마무리.

" 흔하게 즐겨 먹던 감자샐러드에 블랙올리브를 넣어 업그레이드했어요."

고소한 치즈가 주르륵
그릴드 치즈 샌드위치

1 식빵에 치즈를 올린 후 다른 빵으로 뚜껑을 덮고,

2 가장자리를 자르고,

필수 재료
식빵(4장),
슬라이스치즈(4장),
버터(0.5)

치즈가 자연스럽게 흘러내릴 수 있도록 약한 불에서 노릇하게 구워주세요.

3 달군 팬에 버터(0.5)를 두른 후 노릇하게 구워 마무리.

" 미국에선 우리나라의 떡볶이 같이 자주 먹는 메뉴예요. 달콤하고 고소하게 흘러내리는 깊고 진한 치즈의 맛! 간단히 만드는 그릴드치즈샌드위치로 부드러운 치즈의 풍미를 마음껏 즐기세요. "

겉은 바삭! 속은 치즈로 가득!
햄 치즈 샌드위치

1 식빵은 토스트하고, **양배추스프레드**를 만들고,

2 토스트한 식빵의 한쪽 면에 양배추스프레드를 바르고,

필수 재료
식빵(4장), 슬라이스햄(4장), 슬라이스치즈(2장)

양배추스프레드
다진 양배추(4)+다진 양파(1)+ 다진 셀러리(1)+마요네즈(2)+ 후춧가루(약간)

3 각각 슬라이스햄(2장), 슬라이스치즈(1장)를 얹은 뒤 빵 뚜껑을 덮어 마무리.

양배추스프레드 만들기에 자신 없다면 오뚜기 야채, 햄, 할라피뇨 스프레드를 발라보세요. 각 재료 본연의 맛이 잘 살아있어 바르기만 해도 맛있는 샌드위치가 완성돼요.

" 샌드위치의 클래식! 햄치즈샌드위치예요. 상큼한 양배추스프레드가 자칫 무거울 수 있는 햄치즈샌드위치에 포인트를 줘 행복한 한입을 선사합니다! "

기름을 쫙 빼 담백하게 즐기는
베이컨 치즈 샌드위치

1 베이컨은 한입 크기로 자른 뒤 달군 마른 팬에 노릇하게 구워 키친타올로 기름을 빼고,

2 슬라이스치즈는 빵 크기에 맞춰 반으로 자르고,

필수 재료
치즈롤빵(4쪽),
베이컨(4장),
슬라이스치즈(2장)

셀러리치즈스프레드
레몬즙(0.3)+다진 셀러리(2)+
다진 양파(1)+크림치즈(1)+
마요네즈(2)+후춧가루(약간)

3 **셀러리치즈스프레드**를 만들고,

4 치즈롤빵은 토스트 하고 토스트한 치즈롤빵의 한쪽 면에 셀러리치즈스프레드를 바르고 슬라이스치즈, 베이컨을 얹어서 뚜껑을 덮어 마무리.

" 기름기가 쫙 빠져 더욱 담백하고, 베이컨의 짭조름한 맛까지 어우러져 자꾸만 먹고싶은 샌드위치예요. "

마늘에게 이런 맛이?
갈릭 치즈 샌드위치

1 달군 팬에 식용유(1)를 두르고 얇게 썬 마늘을 노릇하게 굽고.

2 파슬리허니스프레드를 만들고.

필수 재료
치즈롤빵(4쪽), 마늘(6알), 피자치즈(1컵)

파슬리허니스프레드
파슬리가루(0.3)+꿀(2)+레몬즙(약간)

3 치즈롤빵은 토스트 하고.

4 토스트한 치즈롤빵에 파슬리허니스프레드를 바른 뒤 피자치즈와 구운 마늘을 올리고, 200℃로 예열된 오븐에서 5분 정도 구워 마무리.

" 단맛이 살아있는 부드러운 마늘에 풍부한 치즈가 어우러졌어요."

고소한 냄새가 솔솔~
땅콩 바나나 샌드위치

1 시나몬허니스프레드를 만들고,

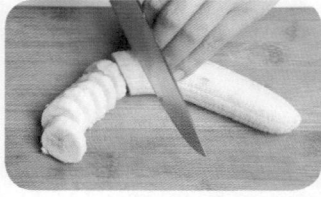
2 바나나는 도톰하게 썰고,

필수 재료
통밀빵(2쪽), 바나나(1개), 땅콩버터(2)

시나몬허니스프레드
꿀(2)+시나몬 파우더(0.3)

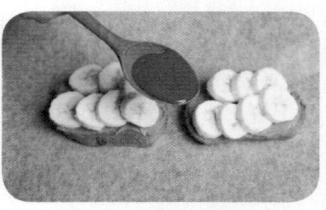
3 통밀빵에 땅콩버터(1)를 바르고 그 위에 썰어둔 바나나를 얹은 후 시나몬허니스프레드를 뿌리고, 200℃로 예열된 오븐에서 5분 정도 구워 마무리.

" 땅콩버터와 바나나, 그리고 꿀이 들어간 달콤한 땅콩바나나샌드위치! 이 샌드위치는 미국 팝의 제왕 엘비스프레슬리의 외할머니가 그를 위해 자주 만들었던 음식으로도 유명해요. 팝의 제왕도 반한 그 맛! 궁금하지 않으세요? "

향긋한 딸기향이 솔솔
딸기버터 샌드위치

딸기 대신 크랜베리, 체리 등을 넣어 먹어도 좋아요.

다진 딸기는 마지막에 넣어 주세요.

필수 재료
크로와상(4개)

딸기버터
딸기(3개), 버터(6),
레몬즙(0.3), 딸기잼(2)

1 딸기를 잘게 다지고,

2 버터(6)를 거품 내듯이 잘 섞어 다진 딸기, 레몬즙(0.3), 딸기잼(2)을 넣어 잘 섞어 **딸기버터**를 만들고,

3 크로와상을 반 갈라 딸기버터를 고루 얹은 후 뚜껑 덮어 마무리.

" 고소한 버터에 상큼한 딸기를 넣은 딸기버터를 만들어 보세요. 늘 익숙하게 먹던 재료가 새롭게 변신해요. 딸기 대신 다른 과일을 넣어도 좋고, 과일이 없다면 잼을 듬뿍 넣어 만들어도 좋아요. "

한입에 달콤함이 쏘옥~
초코 호두 샌드위치

1 달군 마른 팬에 호두를 볶은 뒤 잘게 다지고,

2 다진 호두를 초코시럽과 잘 섞어 **초코스프레드**를 만들고,

필수 재료
식빵(4장)

초코스프레드
다진 호두(1=호두2개 분량),
초코시럽(4)

3 식빵에 초코스프레드를 바르고 뚜껑 덮어 가장자리를 썰어 마무리.

" 서양에서는 초콜릿 하나로도 다양한 샌드위치를 만들어 먹는답니다. 시판용 초콜릿 스프레드에 고소한 땅콩이나 호두같은 견과류만 섞어도 훌륭한 스프레드가 완성! 부드러운 속살이 매력적인 식빵에 발라먹어도 좋고, 바삭한 크래커에 찍어먹어도 좋아요. "

입안에서 사르르 녹아내리는
크로크무슈

밀가루가 갈색을 띠지 않도록 주의해주세요.

1 달군 팬에 버터(1.5)를 녹인 후 밀가루를 넣어 잘 볶아 주고,

2 우유와 생크림을 넣어 잘 저어 농도가 진해질 때까지 끓여 **베사멜소스**를 만들고,

필수 재료
식빵(6장), 슬라이스햄(4장), 슬라이스치즈(4장), 피자치즈(½컵), 딜가루(약간)

베사멜소스
버터(1.5), 밀가루(1.5), 우유(⅔컵), 생크림(⅔컵),

3 식빵 한쪽에 베사멜소스를 바른 뒤 슬라이스햄과 슬라이스치즈를 올리고, 다시 베사멜소스를 바른 빵을 덮어 3단으로 만들고,

4 맨 위쪽 빵에 베사멜소스를 바른 뒤 피자치즈를 얹고 딜가루를 뿌려 200℃의 오븐에서 10분간 구워 마무리.

" 크로크무슈 안에 가득 들어있는 달콤한 베사멜소스가 일품이에요. 한입 베어 물때마다 입 안 가득 퍼지는 크로크무슈의 매력에 빠져 보세요."

이색적인 만두모양 샌드위치
만두위치

1. 슬라이스햄과 슬라이스치즈를 잘게 다지고, 다진 양파, 다진 당근, 파슬리 가루를 섞고.

2. 만두피 위에 섞은 재료를 얹어 만두 빚듯이 반으로 접고.

필수 재료
만두피(6장),
슬라이스햄(2장),
슬라이스치즈(2장),
피자치즈(1컵),
다진 양파(3), 다진 당근(1),
파슬리 가루(0.3)

시판용 스위트칠리소스를 곁들이면 좋아요.

3. 180℃로 예열한 기름에서 노릇하게 튀겨 마무리.

" 얇고 쫄깃한 만두피에 햄, 채소 등을
푸짐하게 넣어 만든 샌드위치예요.
쉽게 손이 가는 만두모양이라
더욱 매력적인 샌드위치랍니다.
채소 싫어하는 아이들의 입맛까지
확 사로잡아요. "

한 끼로도 충분한 샐러드&샌드위치

한 끼로도 충분한 맛과 영양을 동시에 잡았어요. 집에서 만들면 돈 걱정, 메뉴 걱정까지 한방에 없앨 수 있어요. 늘 먹는 밥 한 그릇이 지겨우셨다면 간단한 재료준비와 손 쉽게 만들 수 있는 드레싱을 살짝 곁들여 뚝딱 만들어 보세요.

PART 3

웰빙샐러드 No.1!
가지
두부
샐러드

필수 재료
가지(1개),
두부(½모),
양상추(1줌)

밑간
소금(약간),
후춧가루(약간)

초간장드레싱
설탕(0.5)+
고춧가루(0.2)+
식초(1)+
레몬즙(0.3)+
간장(1)+
다진 마늘(0.3)+
후춧가루(약간)

1 가지는 반 갈라 반달모양으로 도톰하게 썰어 **밑간**하고,

2 두부는 네모지게 자른 뒤 **밑간**하고,

3 양상추는 깨끗이 씻어 물기를 제거한 후 먹기 좋은 크기로 뜯고,

4 **초간장드레싱**을 만들고,

5 달군 팬에 식용유(1)를 두르고 밑간한 가지와 두부를 노릇하게 지져내고,

6 깨끗이 씻어 물기를 뺀 양상추를 접시 위에 올리고 가지와 두부를 얹고 초간장드레싱을 뿌려 마무리.

" 담백한 가지와 두부의 만남!
여기에 입맛 당기는 초간장드레싱까지
곁들여지면 무엇 하나 빠짐없는
웰빙샐러드가 뚝딱 완성돼요. "

지중해의 맛과 향이 한가득!

니스풍 샐러드

1 감자는 잘 씻은 뒤 껍질을 벗겨 작게 깍둑 썰고,

2 깍둑 썬 감자에 버터(1)를 넣어 무르지 않게 삶고,

필수 재료
감자(2개), 버터(1),
오이(1개),
방울토마토(6알),
그린올리브(12알)

오이 양념
설탕(0.7)+
파슬리가루(0.3)+
식초(1)+ 레몬즙(0.3)+
소금(약간)

니스드레싱
설탕(0.5)+
파슬리가루(0.3)+
레몬즙(1)+식초(1)+
다진 마늘(0.3)+
다진 양파(1)+올리브유(1)

3 오이도 작게 깍둑 썰어 **오이 양념**에 버무리고, 방울토마토는 4등분으로 가르고,

4 **니스드레싱**을 만들고,

5 모든 재료에 니스드레싱을 넣고 버무려 마무리.

" 부드럽게 잘 익은 감자에 톡 쏘는 그린올리브와 상큼한 오이가 만났어요. 여기에 새콤한 니스드레싱이 어우러졌답니다. 따뜻한 햇살이 느껴지는 지중해의 건강한 샐러드를 이제 집에서 즐겨 보세요."

콕! 찍어먹는
그린 올리브딥 샐러드

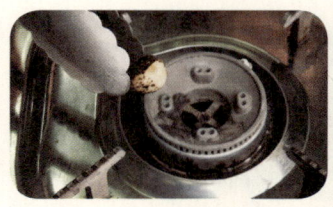

1 통마늘은 갈색이 되도록 불에 굽고,

2 블렌더에 구운 통마늘, 그린올리브, 크림치즈, 리코타치즈를 넣어 곱게 갈아 그린올리브딥을 만들고,

필수 재료
통마늘(1쪽),
그린올리브(24개),
아몬드(6개),
크림치즈(½컵=100g),
리코타치즈(½컵=100g)

선택 재료
크래커(적당량)

3 달군 마른 팬에 아몬드를 살짝 볶고,

4 볶은 아몬드를 굵게 다지고,

5 곱게 갈아 만든 그린올리브딥 위에 아몬드를 뿌리고 크래커를 곁들여 마무리,

" 잘 구운 마늘의 달콤함과,
신선한 올리브가 어우러졌어요.
여기에 크림치즈까지 곁들이면
환상적인 딥이 완성된답니다.
채소를 스틱모양으로 썰어
콕 찍어 먹어도 좋고, 크래커나
빵에 찍어 먹어도 좋아요."

필수 재료
참치 통조림(1캔=180g),
치커리(½줌)

선택 재료
빨강 파프리카(⅓개),
오이(½개), 사과(⅓개),
크랜베리(1), 크래커(2개)

참치 양념
파슬리가루(0.3),
다진 양파(1),
다진 당근(0.5),
마요네즈(1.5),
후춧가루(약간),
레몬즙(약간)

파슬리드레싱
설탕(0.5)+식초(2)+
레몬즙(0.3)+다진 양파(1)+
다진 파슬리(0.5)+
올리브유(2)+소금(약간)+
후춧가루(약간)

1 참치 통조림은 체에 밭쳐 기름을 빼고,

2 치커리는 씻어 물기를 빼고,

3 파프리카, 오이, 사과는 먹기 좋게 썰고, 크랜베리는 적당한 크기로 다지고,

4 참치에 **참치 양념** 넣고 잘 버무려준 후 동그랗게 만들고,

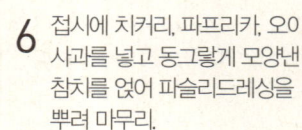

크래커를 잘게 부셔 곁들여 주면 좋아요.

5 **파슬리드레싱**을 만들고,

6 접시에 치커리, 파프리카, 오이, 사과를 넣고 동그랗게 모양낸 참치를 얹어 파슬리드레싱을 뿌려 마무리.

" 통조림 안에는 생물에서 얻을 수 있는 영양소가 거의 그대로 보존되어 있어 고단백 다이어트 식품으로도 훌륭해요. "

부드러운 드레싱의 맛, 살아있네!

시저 샐러드

필수 재료
로메인 상추(8장),
파마산치즈 갈은 것(1),
식빵(2장)

크리미시저드레싱
엔초비(2개),
케이퍼(0.5),
시판용 디종머스터드(0.5),
달걀 노른자(1개),
다진 마늘(0.3),
올리브유(½컵),
식초(1), 레몬즙(1),
생크림(3), 소금(약간)

1 엔초비와 케이퍼는 잘게 다지고,

2 잘게 다진 엔초비와 케이퍼는 시판용 디종머스터드(0.5), 달걀 노른자, 다진 마늘(0.3)에 넣어 잘 저어 주고,

올리브유가 분리되지 않도록 재빨리 섞어 주세요.

3 올리브유(½컵)를 소량씩 넣어 섞고,

4 식초(1)와 레몬즙(1)을 넣어 다시 잘 저어준 후 생크림(3)을 더하고 빠른 속도로 저어 마무리 한 후 소금(약간)으로 간해 **크리미시저드레싱**을 만들고,

바삭한 크루통을 곁들이면 더욱 맛있어요.

5 로메인 상추는 잘 씻은 후 물기를 빼고, 크리미시저드레싱을 버무려 마무리.

" 이탈리아 요리사의 이름을 따서 만든 샐러드예요. 자칫 느끼할 수 있는 드레싱에 생크림을 섞어 더욱 부드럽고 고소한 풍미를 살렸어요. 이제 집에서도 쉽고 맛있게 시저 샐러드의 참맛을 즐겨 보세요! "

탱글탱글 식감이 살아있는
소시지
채소
샐러드

필수 재료

수제 소시지(2개),
애호박(½개),
가지(1개),
양파(½개),
아스파라거스(2대),
빨간 파프리카(½개),
양송이버섯(2개),
통마늘(3개),

밑간

소금(약간),
후춧가루(약간)

발사믹드레싱 26p

1 수제 소시지는 반으로 자른 뒤 칼집을 넣고,

2 애호박과 가지, 양파는 동그란 모양으로 도톰하게 썰고, 아스파라거스는 단단한 부분을 제거해 먹기 좋게 썰고, 빨간 파프리카는 먹기 좋은 크기로 썰고, 양송이도 반으로 자른 뒤 손질한 모든 채소에 **밑간**하고,

팬에 남아 있는 발사믹드레싱도 같이 덜어서 먹어요.

3 **발사믹드레싱**을 만들고,

4 달군 팬에 식용유(1)를 두르고 통마늘, 양파, 아스파라거스, 애호박, 가지, 파프리카, 양송이, 수제 소시지의 순서로 재빨리 볶다가 발사믹드레싱(3)을 뿌려 센 불에서 재빨리 볶아 접시에 담아 마무리.

" 늘 차가운 샐러드만 즐기셨다고요?
이제 따뜻하게 구운 채소와 탱글탱글
소시지가 어우러진 따뜻한 샐러드를
맛보세요. 불에 구워 단맛이 우러나는
채소에 새콤달콤 발사믹드레싱이
어우러지면 한 끼 식사로도 손색없어요. "

노란 커리의 건강함이 가득!

커리
치킨
샐러드

필수 재료
닭 다리(3쪽),
샐러드채소(1줌),
다진 땅콩(약간)

밑간
청주(2), 소금(약간),
후춧가루(약간)

1 샐러드채소는 씻어 물기를 제거하고,

2 닭은 지방 부분을 제거한 다음 두드려 편 후 **밑간**하고,

닭 양념
설탕(0.5), 카레 가루(1),
다진 마늘(약간),
코코넛밀크(2),
피시소스(0.5),
올리브유(약간)

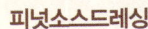

피넛소스드레싱

3 닭에 **닭 양념**을 넣고 버무려 30분간 재워 두고,

4 달군 팬에 식용유(1)를 두르고 양념한 닭을 앞뒤로 잘 익히고,

5 **피넛소스드레싱**을 만들고,

6 샐러드 채소에 익힌 닭을 올리고 다진 땅콩과 피넛소스드레싱을 곁들여 마무리.

" 주변 어디에서나 쉽게
구할 수 있는 커리로 색다른
샐러드에 도전해 보세요!"

남녀노소 누구나 좋아하는
케이준
치킨
샐러드

1. 닭 안심은 심지를 제거하고 한입 크기로 썬 뒤 **밑간**하고,

2. 치커리, 양상추는 씻어 물기를 제거해 먹기 좋게 뜯고,

필수 재료
닭 안심(4쪽=150g),
치커리(½줌),
양상추(2장),
빵가루(½컵)

밑간
소금(약간), 후춧가루(약간)

튀김옷
밀가루(½컵),
계란(1개), 설탕(0.3),
소금(약간),
다진 마늘(약간),
고춧가루(0.2),
타임가루(약간),
우유(½컵)

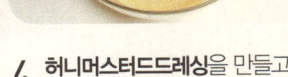

3. **튀김옷**을 만들고, 닭 안심에 묻힌 뒤 다시 빵가루를 겉에 고루 묻혀 180℃로 식용유에 노릇하게 튀겨내고,

4. **허니머스터드드레싱**을 만들고,

허니머스터드드레싱 25p

5. 그릇에 채소를 담고 튀긴 닭을 얹고 허니머스터드드레싱을 뿌려 마무리.

" 패밀리 레스토랑의 영원한 인기 메뉴! 케이준치킨샐러드예요. 바삭한 닭튀김에 달콤하고 톡 쏘는 홈메이드 허니머스터드드레싱이 어우러지면 패밀리 레스토랑이 부럽지 않아요! "

구운 마늘을 이용한
로스트 갈릭 샐러드

필수 재료
통마늘(8개),
식빵(2장),
로메인 상추(½줌)

선택 재료
치커리(½줌)

갈릭오일
다진 마늘(0.5)+
올리브유(2)+
소금(약간)+
파슬리가루(0.3)+
후춧가루(약간)+
파마산치즈가루(0.5)

갈릭드레싱
설탕(0.7)+
발사믹식초(1)+
식초(1)+화이트와인(1)+
다진 마늘(0.3)+
후춧가루(약간)+
올리브유(2)

💬 수분을 날려줄 정도만큼 말리면 돼요.

1 통마늘은 물로 잘 씻은 뒤 윗면을 잘라 잠시 말려 주고,

2 **갈릭오일**을 만들고, 통마늘에 갈릭오일의 반을 넣어 버무리고, 식빵은 길게 4등분 해 나머지 갈릭오일을 바르고,

3 갈릭오일을 바른 통마늘과 식빵을 200℃로 예열된 오븐에 넣어 15분 정도 굽고,

4 로메인 상추, 치커리는 씻은 뒤 물기를 빼 먹기 좋게 뜯고,

5 **갈릭드레싱**을 만들고,

6 그릇에 로메인 상추, 치커리를 얹고 구운 통마늘과 식빵을 얹은 뒤 갈릭드레싱을 뿌려 마무리.

"마늘을 불에 살짝 구워 즐겨 보세요. 마늘의 달콤함은 물론 위에 부담까지 줄여 건강에도 좋답니다."

필수 재료
오징어(½마리),
새우(중하, 4마리),
모시조개(8개),
양파(½개),
새싹채소(½줌),
치커리(½줌),
화이트와인(1컵)

와인드레싱
설탕(0.7T)
파슬리가루(0.3T)
화이트와인(1T)
레몬즙(1T)+식초(1T)
다진 마늘(0.3T)
다진 양파(1T)
올리브유(2T)
후춧가루(약간)+
올리브유(2T)

1 오징어는 껍질을 벗기고 안쪽에 칼집을 넣어 한입 크기로 썰고.

2 새우는 내장을 제거하고, 모시조개는 물에 30분간 담갔다가 문질러 씻어 해감하고.

3 양파는 채 썰어 찬물에 담가 아린 맛을 제거하고, 새싹 채소, 치커리는 잘 씻은 뒤 물기를 빼고.

4 와인드레싱을 만들고.

새우는 찬물에 담가 열을 식히면 맛의 손실이 크니 그대로 식혀주세요.

5 끓는 물에 화이트와인(1컵)을 넣고 손질한 오징어, 새우, 모시조개를 데쳐낸 후 그대로 식히고.

6 그릇에 치커리, 양파를 담고 데친 해물을 얹은 뒤 새싹 채소를 올리고 와인드레싱을 뿌려서 마무리.

" 해물의 신선한 맛과 향, 그리고 쫄깃하게 씹히는 맛이 살아있는 샐러드예요! "

도톰하고 고소한 생선살이 매력적인

도미
샐러드

1. 도미는 물에 잘 씻은 뒤 키친타올로 물기를 빼 **밑간**하고,

2. 달군 팬에 식용유(2)를 두르고 밑간한 도미를 앞뒤로 센 불에서 겉면에 색이 날때까지 지져주고,

필수 재료
도미살(1토막=약 150g), 양상추(2장), 치커리(½줌), 무순(½줌), 양파(½개)

밑간
소금(약간), 후춧가루(약간), 청주(2)

도미조림양념
설탕(1)+간장(2)+ 청주(3)+통마늘(2알)+ 가쓰오부시 우린 물(4)+ 통후추(0.5)

가쓰오부시간장드레싱
설탕(1)+간장(2)+식초(2)+ 가쓰오부시 우린 물(3)+ 다진 마늘(0.3)+ 올리브유(2)+후추(약간)

3. 도미 조림 양념을 넣어 10분 정도 앞뒤로 고루 색이 나도록 조리고,

4. 양상추, 치커리, 무순을 모두 잘 씻은 뒤 물기를 빼고, 양파는 가늘게 채 썰어 물에 담가 아린맛을 제거하고,

5. **가쓰오부시간장드레싱**을 만들고,

6. 양상추와 치커리를 접시에 얹고 양념에 조린 도미와 무순, 양파를 차례로 올려 준 뒤 가쓰오부시간장드레싱을 뿌려 마무리.

> 어슷 썬 붉은 고추를 곁들이면 색감이 어우러져 더욱 맛있어져요.

" 아삭아삭한 채소와 통통한 도미살의 환상적인 만남! "

힘이 불끈 불끈! 보양식의 대명사
장어 샐러드

손질된 장어를 사용해 주세요.

필수 재료
장어(1마리), 새싹채소(½줌), 아스파라거스(6대), 생강(1톨)

맛간장 양념
간장(6), 설탕(4), 청주(4), 생강(1톨), 마늘(2쪽), 물(2)

땅콩들깨소스
들깨(1), 땅콩(1줌 분량), 식초(2), 설탕(1.5), 물(1), 간장(0.5), 연겨자(0.3), 마요네즈(2)

1 **맛간장 양념** 재료를 냄비에 넣어 끓여 맛간장 양념을 만들고,

2 달군 팬에 식용유(0.5)를 두르고 장어의 겉면이 살짝 익을 정도로만 지지다 아스파라거스를 넣어 함께 굽고,

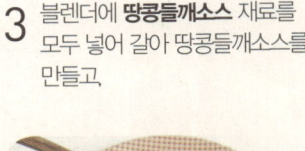

3 블렌더에 **땅콩들깨소스** 재료를 모두 넣어 갈아 땅콩들깨소스를 만들고,

4 생강은 얇게 채 썰고,

5 새싹채소 위에 장어를 얹고 땅콩들깨소스를 곁들인 뒤 채 썬 생강을 얹어 마무리.

" 장어는 예로부터 완벽한 보양식으로 소문이 나있는 재료죠? 맛있는 맛간장에 장어를 살짝 바른 후 구워준 뒤 땅콩들깨소스를 곁들여 주세요. 그냥 먹어도 맛있지만 밥반찬으로도 손색없는 샐러드예요. "

한국인이라면 누구나 좋아하는
삼겹살 부추 샐러드

필수 재료
삼겹살(약 2줄=200g),
맥주(1캔),
영양부추(1줌=80g),
양파(⅓개),
사과(⅓개),
대추(3알), 잣(1)

밑간
소금(약간),
후춧가루(약간)

1 삼겹살은 끓는 물에 맥주를 넣고 데쳐낸 후 찬물에 식혀주고,

2 데친 삼겹살을 가늘게 썰어 **밑간**을 하고,

고춧가루드레싱
설탕(0.7)+간장(2)+
식초(2)+다진 마늘(0.3)+
고춧가루(0.5)+
후춧가루(약간)+
레몬즙(0.5)+
참기름(1)

3 **고춧가루드레싱**을 만들고,

4 영양부추는 씻은 후 적당히 썰고, 양파, 사과는 채 썰고, 대추는 돌려 깎아 채 썰고,

5 데친 삼겹살, 영양부추, 양파, 사과, 대추를 넣고 고춧가루드레싱을 뿌려 버무린 뒤 잣을 뿌려 마무리.

" 한국인이라면 누구나 좋아하는 삼겹살! 하지만 기름기가 많아 왠지 먹기 꺼려지셨다고요? 이럴 땐 삼겹살을 맥주에 삶은 뒤 아삭함이 살아있는 부추에 곁들여 보세요. 여기에 매콤함을 더해 줄 고춧가루드레싱도 잊지 마세요!"

일본식 쇠고기 샐러드의 결정판!

구운 쇠고기연근 샐러드

1 쇠고기는 두드려서 연하게 한 후 **쇠고기 밑간**해 버무려 재워두고,

2 사과, 양파는 잘게 다져 나머지 **와후드레싱** 재료에 넣어 와후드레싱을 만들고,

필수 재료
양배추(½통),
쇠고기 채끝 등심 혹은
부채살(3토막=300g),
토마토(1개),
연근(6~7조각=60g),
깻잎(8장)

쇠고기 밑간
설탕(0.7), 간장(1),
생강즙(약간),
다진 마늘(약간),
후춧가루(약간),
참기름(약간)

3 토마토는 동그랗고 도톰하게 썰고, 연근은 얇게 썰고, 양배추는 채 썰고,

4 달군 팬에 식용유(1)를 두르고 밑간한 쇠고기, 얇게 썬 토마토, 연근을 구워내고,

와후드레싱
사과(1쪽), 양파(⅓개 분량),
다진 당근(0.5), 설탕(1),
다시마국물(1), 간장(2),
식초(2), 생강즙(0.5),
와사비(0.3), 올리브유(2),
레몬즙(약간), 후춧가루(약간)

5 접시에 양배추를 깔고 쇠고기, 토마토, 연근을 담고 채 썬 깻잎을 위에 얹어 와후드레싱을 뿌려 마무리.

" 아삭하게 씹히는 연근과
담백한 쇠고기가 만났어요.
생소하지만 알아두면 꼭 써먹는
일본식 와후드레싱을 곁들여
우리 입맛에 잘 맞는 샐러드 완성!
상큼한 토마토까지 곁들여져
젓가락질을 멈출 수가 없어요. "

일반적인 BLT 샌드위치에 달걀을 더하면?

BLTE
샌드위치

1 베이컨을 통밀빵 길이로 썰어 달군 마른 팬에 바삭하게 구워 기름기를 빼주고.

2 양상추는 씻어서 물기를 뺀 후 빵 크기로 잘라 두고, 토마토와 삶은 달걀은 얇게 썰고.

필수 재료
통밀빵(4장),
베이컨(4장),
양상추(2장),
토마토(½개),
슬라이스치즈(2장),
삶은 달걀(2개),
소금(약간),
후춧가루(약간)

홀스래디쉬스프레드
홀스래디쉬(0.3)+
마요네즈(4)+
레몬즙(약간)

3 통밀빵은 살짝 토스트 하고.

4 홀스래디쉬스프레드를 만들고.

5 통밀빵의 안쪽에 홀스래디쉬 스프레드를 바르고 슬라이스 치즈, 베이컨 달걀, 양상추, 토마토를 얹은 뒤 소금(약간), 후춧가루(약간)로 간을 하고 다시 한쪽 면에 홀스래디쉬스프레드를 바른 통밀빵을 얹어 마무리.

" 베이컨(Bacon), 양상추(Lettuce), 토마토(Tomato)! 여기에 단백질 가득한 달걀(Egg)까지 더한 샌드위치예요. 턱이 빠질 만큼 입을 크게 벌려 한입 베어 먹으면 건강한 재료들의 하모니가 느껴져요! "

연어의 맛있는 변신
훈제연어 크림치즈 샌드위치

필수 재료
베이글(2개),
양파(½개),
치커리(1줌),
케이퍼(1),
훈제 연어(6장),
레몬(½개),
무순(약간)

크림치즈스프레드
딜가루(0.3)+
다진 양파(1)+
홀스래디쉬(0.3)+
크림치즈(6)

1 베이글은 가로로 반 갈라서 토스트 하고,

2 **크림치즈스프레드**를 만들고,

위에는 얇게 바르고 아래는 두껍게 발라 주세요.

3 양파는 채 썰고,

4 토스트한 베이글에 크림치즈스프레드를 바르고,

5 치커리 → 훈제 연어 → 양파 → 케이퍼 순으로 올리고,

6 레몬즙을 뿌리고, 무순을 올린 후 베이글을 올려 마무리.

" 연어 좋다는 거 이제 다들 아시죠?
신선한 채소에 담백한 연어의 만남!
여기에 다소 심심할 수 있는 맛에
포인트를 살려주는 크림치즈스프레드로
맛을 냈어요. "

알싸하고 톡톡 쏘는 와사비의 맛!

와사비
치킨
샌드위치

필수 재료

바게트(8조각),
닭 안심(2조각=100g),
치커리(4장),
새싹채소(½줌),
슬라이스치즈(1장),
방울토마토(4개)

양념

화이트와인(1),
와사비(0.3),
꿀(0.5),
소금(약간),
후춧가루(약간)

와사비스프레드

와사비(0.3)+
마요네즈(1)+
꿀(0.5)+
레몬즙(약간)+
후춧가루(약간)

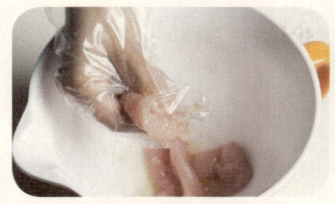

1 닭 안심은 심지를 제거하고 **양념**에 버무려 30분간 재워 두고,

2 치커리와 새싹채소는 모두 잘 씻어 물기를 빼고,

3 슬라이스치즈는 반으로 가르고, 방울토마토는 4등분 하고, 바게트는 살짝 토스트 하고,

4 달군 팬에 식용유(1)를 두르고 양념한 닭 안심을 노릇하게 지져내고,

5 **와사비스프레드**를 만들고,

6 바게트 위에 와사비스프레드를 펴 바르고 치커리, 슬라이스 치즈, 구운 닭 안심, 새싹채소, 토마토를 올리고 와사비 스프레드를 더 뿌려서 마무리.

" 와사비의 톡 쏘는 맛과 달콤한 꿀이 어우러지면 환상적인 와사비소스가 완성돼요. 기름기를 쏙 빼 담백한 닭고기와 신선한 채소를 곁들이면 별미 샌드위치가 뚝딱! "

마늘이 들어가서 고소함이 두 배!

마늘
치킨
샌드위치

필수 재료
또띠야(2장),
닭 안심(4조각≒200g),
양파(½개),
무순(약간),
치커리(2장),
베이컨(4장)

밑간
소금(약간),
후춧가루(약간)

마늘양념장
화이트와인(1)+
다진 마늘(1)+꿀(1)

허니머스터드드레싱 25p

1 닭 안심은 심지를 제거한 후 **밑간**하고, **마늘양념장**을 넣어 버무려 30분간 재우고.

2 양파는 채 썰어 찬물에 담가 아린맛을 제거하고, 무순, 치커리는 씻어 물기를 빼고.

3 달군 마른 팬에 베이컨을 바삭하게 구워 기름기를 빼주고.

4 달군 팬에 식용유(1)를 두르고 양념한 닭 안심을 노릇하게 구워내고.

5 **허니머스터드드레싱**을 만들고.

6 동그랗게 말아 아래쪽을 종이로 감싸거나 김밥처럼 말아서 마무리.

윗면은 오픈하고 아래쪽은 접어야 소스가 아래로 흐르지 않아 먹기 편해요.

" 양념된 마늘과 달콤한 허니머스터드드레싱과의 만남! 음~ 생각만해도 군침이 돌아요. "

달콤 짭조름한 맛이 일품인
데리야키 치킨 샌드위치

1 닭 안심은 한입 크기로 썰어 **밑간**하고, 대파는 채 썰어 물에 담가 씻은 후 물기를 빼고,

2 데리야키소스 재료를 넣어 잠시 끓이고,

필수 재료
치아바타(2개),
닭 안심(3조각=300g),
대파(½뿌리),
마요네즈(2),
통깨(약간)

밑간
소금(약간),
후춧가루(약간),
청주(약간)

데리야키소스
간장(4), 설탕(2),
청주(2),
다진 마늘(0.3),
다진 생강(0.2),
후춧가루(약간)

3 달군 팬에 식용유(1)를 둘러 닭 안심을 살짝 굽고,

4 닭 안심을 한 번 뒤집은 뒤 데리야키소스를 발라가며 앞뒤로 잘 익혀주고,

5 치아바타에 마요네즈를 바르고 양상추와 대파채를 올린 뒤 구운 닭 안심을 올리고, 통깨를 뿌린 뒤 뚜껑을 덮어 마무리.

" 달콤 짭조름한 데리야키소스!
누구나 좋아하죠? 어떠한 종류와도
다 잘 어울리지만 특히 고기와
잘 어울리는 소스예요.
대파를 곁들여 더욱 특별해진
데리야키치킨샌드위치에 도전해 보세요!"

톡톡 터지는 씨겨자소스의 맛이 일품!

소시지
에그
샌드위치

1 바게트는 살짝 구워 준비하고,

2 달군 팬에 식용유(1)를 두르고 달걀을 반숙으로 프라이하고,

필수 재료
바게트(8장),
달걀(4개),
수제소시지(4개),
치커리(4장)

씨겨자소스
씨겨자(1)+
마요네즈(2)+
홀스래디쉬(약간)

> 바게트는 슬라이스해 준비해 주세요.

3 소시지는 사선으로 먹기 좋게 썰고, 달군 마른 팬에 소시지를 구운 뒤 종이타올로 기름기를 제거하고,

4 씨겨자소스를 만들고,

5 바게트 한쪽에 씨겨자소스를 바르고 치커리를 깐 다음 소시지, 달걀프라이 순으로 올리고, 남은 씨겨자소스를 조금 더 뿌려 뚜껑 덮어 마무리.

" 상큼한 맛이 일품인 씨겨자소스는
한 번 맛보면 자꾸만 입맛을 당기게 하는
엄청난 마력이 있어요.
핫도그에 뿌려먹는 머스터드소스와
비슷하지만 훨씬 더 깊고
진한 맛이랍니다. "

보기만 해도 푸짐함이 느껴지는

필리
스테이크
샌드위치

필수 재료
치아바타(2개),
쇠고기(불고기용, 150g),
양파(1개),
당근(½개),
양상추(½줌),
치커리(½줌),
마요네즈(2),
피자치즈(½컵),
슬라이스치즈(흰색, 2장)

고기 양념
화이트와인(1),
다진 마늘(0.3),
소금(약간),
후춧가루(약간)

1 쇠고기는 칼로 두드려 연하게 해 주고 **고기 양념**에 잠시 재워 두고,

2 양파와 당근은 채 썰고,

3 달군 팬에 식용유(1)를 두른 뒤 양념한 쇠고기와 양파, 당근을 볶고,

4 양상추와 치커리는 씻어 물기를 빼 작게 잘라 두고,

5 치아바타는 반 갈라 안쪽에 마요네즈를 바르고 양상추, 치커리, 양념한 쇠고기, 양파, 당근, 피자치즈를 채워 넣고,

6 슬라이스치즈를 얹은 뒤 200℃로 예열된 오븐에 통으로 넣어 슬라이스치즈가 녹을 때까지 5분 정도 구워 마무리.

> 먹기 직전 파슬리가루를 뿌리면 초록색이 어우러져 더욱 입맛 당기는 비주얼이 완성돼요.

" 얇게 썬 쇠고기를 잘 볶아 달콤한 양파와 같이 먹는 샌드위치! 달콤한 불고기 양념으로 맛을 내면 미국 현지의 맛을 집에서도 느낄 수 있어요."

대표 한식 1호, 불고기로 만드는 색다른 맛
불고기 샌드위치

1 쇠고기는 칼로 두드려 연하게 한 후 **불고기 양념**에 잠시 재워 두고.

2 양파, 풋고추, 붉은 고추는 채 썰고, 토마토는 얇게 썰고.

필수 재료
바게트(½개),
쇠고기(불고기용, 150g),
양파(½개), 풋고추(1개),
붉은 고추(1개),
치커리(4장), 양상추(2장),
토마토(½개),
마요네즈(2),
슬라이스치즈(2장),
새싹 채소(½줌)

불고기 양념
설탕(0.5)+청주(0.5)+
간장(1)+다진 마늘(0.3)+
참기름(0.5)+후춧가루(약간)

3 치커리와 양상추, 새싹 채소는 씻어 물기를 빼고.

4 달군 팬에 식용유(1)를 두르고 양념한 쇠고기, 양파, 풋고추, 붉은 고추를 넣어 볶고.

5 바게트 안쪽에 마요네즈(2)를 바르고.

6 치커리, 양상추, 슬라이스 치즈, 토마토, 새싹채소, 양념한 쇠고기를 얹은 뒤 슬라이스치즈를 얹어 마무리.

"한국의 대표 메뉴 불고기! 쫄깃한 쇠고기에 달콤한 양념이 어우러진 불고기 하나면 전 세계인들의 입맛 사로잡기 문제없어요."

삼겹살 이색요리에 도전해 보세요!

삼겹살
샌드위치

필수 재료

치아바타(2개),
삼겹살(1줌=200g),
맥주(1컵), 영양부추(½줌),
붉은고추(½개),
양파(½개), 치커리(½줌),
새싹채소(½줌),
마요네즈(2)

오리엔탈드레싱 27p

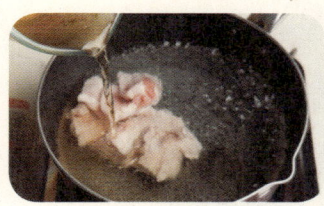

1 끓는 물에 맥주(1컵)를 넣어 삼겹살을 데쳐내고,

2 영양부추는 손가락 두 마디 길이로 썰고, 붉은 고추는 채를 썰고, 양파는 채 썰어 찬물에 담가 아린맛을 제거해주고,

3 치커리, 새싹채소는 씻어 물기를 빼고,

4 **오리엔탈드레싱**을 만들고, 데친 삼겹살에 오리엔탈드레싱을 넣어 버무리고,

5 치아바타는 반 갈라 토스트 하고,

6 치아바타 안에 마요네즈(1)를 바르고 치커리, 영양부추, 양파와 데친 삼겹살을 넣은 뒤 새싹채소를 얹고 오리엔탈드레싱을 곁들여 뚜껑 덮어 마무리.

밥심을 외치는 한국인을 위한
라이스 버거

필수 재료
밥(2공기),
양파(½개),
당근(½개),
감자(½개),
양상추(2장),
치커리(4장),
토마토(½개),
버터(1),
다진 마늘(0.3),
스팸(½개)

밑간
소금(약간),
후춧가루(약간)

양념
돈가스소스(2),
마요네즈(1)

1 양파, 당근, 감자는 잘게 다지고,

2 양상추와 치커리는 씻어 물기를 빼고, 토마토는 얇게 썰고,

3 달군 팬에 버터(1)를 두르고 다진 마늘, 양파, 당근, 감자를 볶다가 소금(약간), 후춧가루(약간)로 간하고,

4 밥을 넣어 고슬고슬하게 볶은 뒤 한 김 식혀 주먹 크기로 빚고,

5 달군 마른 팬에 스팸을 지져내고,

6 빚은 밥에 마요네즈(0.5)와 돈가스소스(1)를 바르고 치커리, 양상추, 토마토, 스팸을 얹은 뒤 마요네즈(0.5), 돈가스소스(1)를 더 뿌리고 밥을 덮어서 마무리.

" 신선한 채소와 짭조름한 스팸이 어우러져 밥 따로 반찬 따로 먹는 것보다 훨씬 더 맛있어요. 이제 라이스버거로 든든하게 챙겨 드세요! "

바삭한 흰 살 생선이 오동통!
생선튀김 샌드위치

1. 대구살은 키친타올로 물기를 빼 **밑간**하고,

2. 튀김옷을 만들고, 대구살에 묻혀 180℃의 식용유에서 노릇하게 튀겨내고,

필수 재료
롤빵(2개),
냉동 대구살(토막=150g),
치커리(⅓줌), 토마토(½개),
양파(⅛개),
슬라이스치즈(2장)

밑간
소금(약간), 후춧가루(약간)

튀김옷
밀가루(1컵)+계란(1개)+
소금(약간)+후춧가루(약간)+
맥주(1컵)

타르타르드레싱 25p

3. 치커리는 씻어 물기를 빼고, 토마토는 채 썰고, 양파는 가늘게 채 썰어 물에 담가 아린맛을 제거해 주고,

4. 달군 마른 팬에 롤빵을 살짝 굽고,

5. **타르타르드레싱**을 만들고,

6. 롤빵 안쪽에 타르타르드레싱을 바르고 치커리, 토마토, 슬라이스치즈, 양파, 튀긴 대구살을 얹어 타르타르드레싱을 더 뿌리고 뚜껑을 덮어 마무리.

미국식 다이너 레스토랑 인기메뉴!

튜나
멜트

필수 재료
통밀빵(4쪽),
양파(⅛개),
당근(⅛개),
통조림 참치(1개=180g),
마요네즈(5),
레몬즙(약간),
치커리(1줌),
사과(⅛개),
슬라이스치즈(2장)

밑간
소금(약간), 후추(약간)

1 양파, 당근은 잘게 다지고.

2 통조림 참치는 기름을 뺀 뒤 다진 양파와 당근, 마요네즈(3)를 넣어 잘 버무려 레몬즙(약간)을 뿌려두고.

3 사과는 껍질째 얇게 썰고, 치커리는 잘 씻은 뒤 물기를 빼고, 슬라이스치즈는 길게 6등분 하고.

4 통밀빵은 살짝 토스트 한 뒤 한쪽 면에 마요네즈(2)를 바르고.

5 통밀빵 위에 치커리와 사과를 올리고 버무린 참치를 얹은 뒤 슬라이스치즈를 얹고 200℃로 예열된 오븐에서 5~7분간 구워 마무리.

" 튜나멜트는 참치에 치즈를 녹여 만든 샌드위치예요. 다소 느끼할 수 있는 치즈에 상큼한 사과를 곁들여 입맛을 당겨요. 주변에서 쉽게 구할 수 있는 재료로 만들 수 있어 한번 알아두면 어디서나 빛을 내는 샌드위치랍니다. "

특별한 날을 위한 샐러드&샌드위치

생일이나 돌잔치, 결혼기념일, 집들이 등 특별한 날을 더욱 빛내 줄 샐러드와 샌드위치 레시피를 소개합니다. 주변에서 쉽게 구할 수 있는 재료로 특별한 드레싱만 더해 만드는 파티용 샐러드&샌드위치! 이제 여러분의 특별한 날을 샐러드&샌드위치로 더욱 맛있게 즐겨 보세요.

PART 4

5천만 국민의 단골 야식메뉴를 이용한

족발
샐러드

필수 재료
족발(윗살=150g),
깻잎(8장), 상추(½줌),
양파(¼개)

들깨드레싱
설탕(0.7)+들깨(1)+
고춧가루(0.5)+레몬즙(0.3)+
식초(1)+간장(1)+
다진 마늘(0.3)+
올리브유(0.5)+
참기름(0.5)+
후춧가루(약간)

1 족발은 전자레인지에 30초만 돌려 살짝 보드랍게 하고,

2 깻잎과 상추는 잘 씻어 물기를 빼 한입 크기로 썰고,

3 양파는 얇게 슬라이스 하고,

4 들깨드레싱을 만들고,

5 족발, 깻잎, 상추, 양파에 들깨드레싱을 고루 버무려 마무리.

" 젤라틴이 풍부해 특히 여자들에게
좋다는 족발! 하지만 양이 많아
남기기 일쑤였죠? 이럴 땐
신선한 깻잎과 상추를 준비해
고소한 들깨드레싱과 곁들여
이색 샐러드로 즐겨보세요.
쫄깃한 족발의 식감은 살아있어
자꾸자꾸 먹게 되는 샐러드예요."

돌돌 말아 한입에 쏘~옥!
프로슈토 샐러드

1 멜론은 얇고 길게 자른 뒤 씨를 제거해 한쪽 끝을 남겨 먹기 좋게 칼집을 넣고,

2 프로슈토를 멜론에 돌돌 말고,

필수 재료
프로슈토(6장),
멜론(½통),
소금(약간),
후춧가루(약간),
레몬즙(약간)

3 소금(약간), 후춧가루(약간), 레몬즙(약간)을 뿌려 마무리.

" 유명한 프랑스 혹은 이탈리안 레스토랑에서만 보던 고급 메뉴 프로슈토. 프로슈토는 돼지의 뒷다리를 염장해 건조한 뒤 숙성시켜 만든 생햄을 말해요. 이 귀한 햄에 물기 가득 달콤하게 씹히는 멜론을 곁들이면 환상의 맛을 느낄 수 있답니다."

다크서클을 책임진다!
훈제연어 허브 샐러드

1 훈제연어는 동그랗게 말아 놓고,

2 양상추는 잘 씻은 뒤 물기를 빼 먹기 좋게 뜯고,

필수 재료
훈제연어(4장),
양상추(½줌)

딜드레싱
딜가루(0.3)+다진 양파(1)+
레몬즙(0.3)+사우어크림(2)

3 딜드레싱을 만들고,

4 양상추와 훈제연어를 그릇에 담고 딜드레싱을 뿌려 마무리.

" 다크써클, 피부미용,
노화방지에 탁월한
연어를 신선한
샐러드로 즐겨 보세요."

차가운 파스타 먹어봤니?
파스타
샐러드

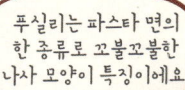
"푸실리는 파스타 면의 한 종류로 꼬불꼬불한 나사 모양이 특징이에요."

"푸실리는 끓는 물에 소금을 넣고 8분 정도 삶아주세요."

필수 재료
푸실리(1줌), 올리브유(2),
샐러드채소(2줌),
강낭콩 통조림(2),
양파(⅓개),
오이(⅓개)

이탈리안드레싱 26p

1 푸실리는 삶아 올리브유(2)에 버무리고,

2 샐러드채소는 씻어 물기를 빼고, 양파는 얇게 썰고,

3 오이는 도톰하게 썰고,

4 강낭콩은 흐르는 물에 한번 씻어 물기를 빼고,

5 **이탈리안드레싱**을 만들고,

6 샐러드채소와 푸실리, 강낭콩, 오이, 양파를 넣고 이탈리안드레싱을 뿌려 마무리.

" 영양적으로도 탄수화물을
   보충할 수 있는 파스타를 곁들이면
   부족함 없이 완벽한 샐러드
   한 그릇이 완성돼요."

늘 먹는 식상한 라면 요리는 가라!

단호박 라면 샐러드

필수 재료
라면(2개),
단호박(1개),
치커리(½줌=50g),
무순(약간),
양파(½개)

선택 재료
호두(2),
옥수수(4),
건포도(1)

요구르트드레싱
플레인 요구르트(4)+
꿀(1)

1 단호박은 윗면에 구멍을 뚫어 속을 파낸 뒤 찜통에 10분간 무르게 찌고,

2 라면은 끓는 물에 면만 삶아 찬물에 헹구고,

3 양파는 가늘게 다지고, 옥수수는 씻어 건져놓고,

4 무순과 치커리는 씻은 뒤 물기를 빼고,

5 **요구르트드레싱**을 만들고,

6 단호박을 8등분으로 썰어 펼친 뒤 삶은 라면과 옥수수, 다진 양파, 치커리, 무순, 호두, 건포도를 올리고, 요구르트드레싱을 뿌려 마무리.

" 단호박 안에 여러 재료를 넣어 만드는 요리들 많이 보셨죠? 주변에서 쉽게 구할 수 있는 재료로 만들어 더욱 좋아요. "

태국식 전통 국수 요리
누들
샐러드

1 오징어는 내장과 껍질을 제거한 뒤 칼집을 내 먹기 좋게 썰어 **밑간**해 식용유(1)를 두른 팬에서 살짝 볶고,

2 양파, 붉은 고추, 오이는 채 썰고,

필수 재료
버미셀리 쌀국수(1줌),
오징어몸통(1마리),
오이(½개), 양파(½개),
붉은고추(1개),
땅콩 부순 것(약간)

밑간
다진 마늘(약간),
레몬즙(약간), 소금(약간),
후춧가루(약간)

타이드레싱
설탕(3)+레몬주스(4)+
식초(3)+다진 마늘(0.3)+
다진 고추(1)+피시소스(0.5)

버미셀리 쌀국수를 볶아 먹을 땐 살짝 물에 불려서 사용하고, 샐러드는 바로 삶아 열을 식혀 사용해요.

3 버미셀리 쌀국수는 끓는 물에 2분간 삶은 뒤 찬물에 헹궈 물기를 빼고,

4 **타이드레싱**을 만들고,

5 그릇에 준비한 재료를 모두 섞은 후 타이드레싱을 넣고 버무려 마무리.

" 버미셀리 쌀국수는 마트에서 쉽게 구할 수 있어 재료 걱정은 없고요. 해물과 채소는 취향껏 준비해 아쉬움 없이 즐기세요. 버미셀리 쌀국수의 면이 얇은 편이니 짧은 시간 조리해 주세요! "

입안에 쏙 넣어 먹는
고구마
에그넷
샐러드

고구마의 껍질을 벗긴 채로 찜통에 찌면 색이 변하고 식감이 떨어지기 쉬워요.

필수 재료
달걀(3개),
달걀 노른자(2개),
고구마(1개),
다진 크랜베리(1),
다진 호두(1), 다진 양파(1),
마요네즈(2), 소금(약간),
후춧가루(약간),
치커리(½줌),

옥수수전분물
옥수수전분가루(1)+물(2)

1 고구마는 껍질째 찜통에 10분간 쪄 껍질을 벗겨 준비하고,

2 다진 크랜베리, 다진 호두, 다진 양파를 고구마, 마요네즈(2), 소금(약간), 후춧가루(약간)를 넣고 버무리고,

달걀물이 쉽게 타지않도록 약한 불에서 천천히 익혀주세요. 너무 익혀 갈색빛이 되지 않도록 해주세요.

3 달걀을 풀고 **옥수수전분물**을 섞어 체에 2번 걸러 지퍼백에 넣어 보관하고,

4 달군 팬에 식용유(1)를 두른 후 종이타올로 가볍게 닦아낸 뒤 지퍼백에 넣은 달걀물을 얼기설기 뿌려 익히고,

5 달걀 위에 치커리를 깔고 고구마 샐러드를 얹은 후 돌돌 말아 마무리.

" 에그넷은 달걀물을 팬에 구워 그물 모양으로 만든 요리예요. 고구마나 볶음밥, 구운 닭고기 등을 올려 싸먹어도 좋답니다. 파티에서 가장 주목받는 메뉴가 될 거예요."

몸에 좋은 파프리카를 통으로 즐기자!

파프리카컵
샐러드

필수 재료
파프리카(노란색, 주황색, 빨간색 각 1개씩),
양파(½개),
통조림 옥수수 알(6),
오이(1개),
게맛살(6개)

양념
소금(약간),
후춧가루(약간)

드레싱
마요네즈(2)

1 양파는 얇고 가늘게 채 썰어 찬물에 담가 매운 맛을 없앤 뒤, 물기를 빼고,

2 옥수수는 물에 한번 씻은 뒤 체에 밭쳐 물기를 빼고,

3 오이는 3등분 해 돌려 깎은 뒤 채 썰어 소금(약간)에 10분간 절였다가 물기를 짜고,

4 게맛살을 잘게 찢어 오이, 양파, 옥수수 통조림을 마요네즈(2)에 모두 섞은 뒤 소금(약간), 후춧가루(약간)로 간하고,

5 파프리카는 윗면을 ⅓정도 썰어준 후 속을 파내 소금(약간), 후춧가루(약간)로 간하고,

6 파프리카 안에 버무린 재료들을 넣어 가득 채워 마무리.

" 알록달록한 파프리카에
쫄깃한 게맛살과 달콤한
옥수수알을 넣어
씹는 맛까지 더했어요.
한손에 들고 먹는
파프리카샐러드로
건강한 파티 즐기세요."

달콤한 파인애플의 육즙이 한가득
하와이언
샐러드

파낸 파인애플 껍질은
그릇으로 사용해요.

필수 재료
닭 안심(5쪽),
파인애플(1개),
셀러리(1대),
양파(¼개),
통조림 옥수수(5)

닭 양념
소금(약간),
후춧가루(약간),
화이트 와인(1)

요구르트커리드레싱
플레인 요구르트(2)+
마요네즈(2)+
커리 파우더(0.3)+
꿀(1)+다진 홍고추(1)

1 닭 안심은 큼지막하게 썬 뒤 **닭 양념**에 버무린 뒤 식용유(1)를 두른 팬에 굽고,

2 파인애플은 세로로 반 갈라 속을 파낸 뒤 살은 한입 크기로 썰고,

3 셀러리와 양파는 채 썰고, 옥수수 통조림은 물에 씻은 뒤 물기를 빼고,

4 **요구르트커리드레싱**을 만들고,

5 닭 안심, 파인애플, 옥수수, 셀러리, 양파를 요구르트커리드레싱에 모두 버무리고,

6 그릇용으로 준비된 파인애플 껍질에 버무린 재료를 가득 채워 마무리.

" 달콤한 파인애플을 활용해 만든 1석 2조 샐러드예요. 씹을 때마다 입안 가득 달콤함은 물론, 이색적인 파인애플의 모양까지 잘 살렸어요."

고급 샐러드를 한입에 쏙~
미니
카프레제

1 방울토마토는 위쪽 ⅓을 자르고 아래쪽도 약간 자르고,

2 숟가락으로 안쪽 속을 파내고,

필수 재료
방울토마토(8개),
프레쉬 모차렐라 치즈
(⅕덩어리=20g)

선택 재료
바질(2장)

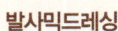

발사믹드레싱 26p

3 프레쉬 모차렐라 치즈를 작은 정사각형으로 썰고,

4 발사믹드레싱을 만들고,

5 방울토마토 속에 프레쉬 모차렐라 치즈를 채우고,

6 바질을 다져 올리고 발사믹드레싱을 뿌려 마무리.

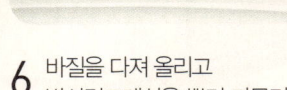

" 프레쉬 모차렐라 치즈와 방울토마토를
이용한 이태리 정통 샐러드예요.
한입에 쏙 먹을 수 있는 간편함과
입안 가득 터지는 신선함이 매력적이랍니다. "

향긋한 살구와 치즈의 만남

브리치즈
살구
샐러드

1 말린 살구는 잘게 썰고,

2 달군 마른 팬에 호박씨와 호두를 볶아 수분을 날려주고,

필수 재료
브리치즈(½개),
말린 살구(6개)

선택 재료
호박씨(2),
호두(2),
로메인 상추(5장),
치커리(½줌)

브리치즈드레싱
브리치즈(½개)+
마요네즈(2)+
다진 양파(1)

3 로메인 상추와 치커리는 잘 씻어 물기를 빼 큼지막하게 썰고,

4 브리치즈는 삼각형으로 6등분으로 썰고,

브리치즈는 겉면의 흰 곰팡이 부분을 제거하고 안쪽의 크림부분만 떼어내 준비해주세요.

5 **브리치즈드레싱**을 만들고,

6 그릇에 로메인 상추, 치커리, 말린 살구, 호박씨, 호두, 썰어둔 브리치즈를 올리고 브리치즈드레싱을 뿌려 마무리.

" 브리치즈는 프랑스 브리 지방의 특산품이에요. 부드럽고 풍성한 맛이 특징이랍니다. 여기에 달콤한 말린 살구를 더해 보세요. "

딸기로 만든 디저트용 샐러드
딸기 셔벗 샐러드

필수 재료
양상추(1줌),
고구마(2개),
양파(½개)

딸기셔벗드레싱
냉동딸기(6알),
설탕(1), 레몬즙(1),
소금(약간), 올리브 오일(1)

1 딸기셔벗드레싱 재료를 블렌더에 넣어 곱게 갈고,

2 고구마는 전자레인지에 6분간 돌린 다음 큼직하게 썰고,

3 양파는 가늘게 슬라이스 한 뒤 찬물에 담가 아린 맛을 제거하고,

4 양상추는 물에 씻은 뒤 물기를 빼 한입 크기로 뜯고,

5 양상추와 양파, 고구마를 그릇에 담고 딸기셔벗드레싱을 뿌려 마무리.

애프터스토리텔링

가볍게 즐기는 상큼한 샐러드와 잘 어울리는 아이스티 한잔 어떠세요? 카라멜 색소를 넣지 않고 천연과즙만을 사용해 진하고 풍부한 맛이 일품인 **오뚜기 아이스티** 한 모금으로 지친 하루 힐링해 보세요. 복숭아맛, 석류맛, 오미자맛, 유자맛, 매실맛 등 골라먹는 재미는 물론 1스틱에 비타민C 100mg이 함유되어 있어 건강에도 좋아요.

월도프 가문의 귀족들이 즐겨먹은
월도프 샐러드

1 사과, 참외, 파인애플은 작게 깍둑 썰고,

2 달군 마른 팬에 호두를 볶은 뒤 크게 다지고,

3 요구르트마요네즈드레싱을 만들고,

4 볼에 모든 재료를 넣고 요구르트마요네즈드레싱과 함께 버무려 마무리.

필수 재료
사과(1개), 참외(1개), 건포도(2)

선택 재료
호두(1), 통조림 옥수수(3)
파인애플(2링),

요구르트마요네즈드레싱
플레인 요구르트(3)+ 마요네즈(3)+
홀스래디쉬(약간)+ 꿀(1)+
레몬즙(약간)+ 후추(약간)

"월도프 가문 귀족들의 사랑을 듬뿍 받은 샐러드예요. 달콤 상큼한 과일에 건포도를 더한 뒤 요구르트마요네즈 드레싱으로 맛을 냈어요."

초간단 말랑 말랑
젤리 샐러드

1 과일젤리와 파인애플을 주사위 모양으로 적당히 자르고,

2 **요거트드레싱**을 만들고,

필수 재료
과일젤리(2개),
파인애플링(3개)

요거트드레싱
레몬즙(0.5+)
플레인 요구르트(3)+
소금(약간)

3 과일젤리와 파인애플에 요거트드레싱을 고루 버무려 마무리.

" 부드럽고 탱글탱글한 질감이 매력적인 과일젤리에 씹을 때마다 상큼함이 터지는 파인애플이 더해지면! 보기만 해도 고급스러움이 묻어나는 젤리 샐러드 탄생! "

상그리아와 함께 즐기는
프룻볼
샐러드

스쿱이 없다면 서로 비슷한 크기로 잘라주세요.

1 스쿱을 이용해 딸기와 멜론을 동그랗게 파고.

2 레몬드레싱을 만들고.

필수 재료
딸기(5개), 멜론(½통)

레몬드레싱
설탕(0.3)+레몬즙(1)+
식초(0.5)+올리브유(0.5)+
후춧가루(약간)+소금(약간)

3 딸기와 멜론을 레몬드레싱에 고루 버무려 마무리.

"과일을 동글동글 예쁘게 담아
샐러드로 만들어 보세요.
달콤한 과일향이 살아있는
상그리아와 함께 즐기면
더욱 맛있는 샐러드랍니다!"

과일향이 살아있는 와인

상그리아

필수 재료 레드와인(2컵), 사이다(1컵)
선택 재료 딸기(4개), 사과(½개), 레몬(½개)

1 딸기는 잘 씻은 뒤 꼭지를 떼 2등분 하고,
사과는 껍질째 얇게 저미고, 레몬은 웨지 모양으로 썰고,

2 레드와인에 딸기, 사과, 레몬을 넣고 냉장고에 숙성하고,
먹기 직전 사이다(1컵)를 섞어 마무리.

색다르게 만드는 매콤한 샌드위치!
핸드위치

1 모닝롤은 윗면을 동그랗고 깊게 파고,

2 풋고추와 양파는 채 썰고,

필수 재료
모닝롤(4개),
다진 쇠고기(1컵=150g),
양파(½개), 풋고추(1개),
피자치즈(½컵)

고추장 양념
고추장(1), 설탕(0.5),
청주(0.5), 간장(0.5),
다진 마늘(0.3),
참기름(0.5),
후춧가루(약간)

3 다진 쇠고기, 양파, 풋고추에 **고추장 양념**을 넣어 버무리고,

4 달군 팬에 식용유(1)를 두르고 양념한 쇠고기와 양파, 풋고추를 넣어 볶고,

5 모닝롤 안에 볶은 재료를 채운 뒤 피자치즈를 얹어 200℃로 예열된 오븐에 5분 정도 구워서 마무리.

" 동그란 모닝빵을 이용해서 만든 핸드위치. 주로 모닝빵의 속을 파내고 그 안에 재료를 채워 만드는 게 특징이에요. 먹을 때 재료가 흐르지 않고, 한입에 쏙 예쁘게 먹을 수 있어 여자 분들에게 특히 인기 있답니다. "

따뜻한 차와 함께 즐기는
영국식 티 샌드위치

필수 재료
식빵(8쪽),
삶은 달걀(2개),
오이(1개),
사과(½개)

양념
마요네즈(6),
소금(0.8),
후춧가루(약간).

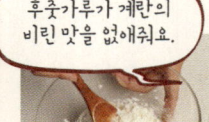
> 후춧가루가 계란의 비린 맛을 없애줘요.

1 삶은 달걀의 노른자와 흰자를 분리해 고운 체에 한번 내리고,

2 체에 내린 노른자와 흰자 각각에 마요네즈(3)를 한 수저씩 나누어 넣고 부드럽게 개어주고 후춧가루(약간)를 넣고,

3 오이는 얇게 썰어 소금(0.5)을 뿌려 두었다가 물기를 짜고 마요네즈(1)를 넣어 무치고,

4 사과는 4등분으로 썰어 마요네즈(1)를 넣어 버무리고,

" 출출한 배를 채워줄 영국식 샌드위치를 소개합니다. 가장 기본 재료로 만드는 샌드위치라 어떤 음료와도 어울려요! "

> 마요네즈를 바르면 수분이 차단되어 오래도록 눅눅해지지 않아요.

> 가장자리를 잘라내면 더 부드럽게 먹을 수 있어요.
> 도마로 눌러주면 모양이 잘 잡혀서 예쁘게 썰어져요.

5 식빵의 한쪽 면에 남은 마요네즈(1)를 얇게 바르고,

6 달걀 흰자+사과+오이, 달걀 노른자+오이+달걀 흰자, 달걀 흰자+사과+달걀 노른자 등 색을 맞춰 3단 샌드위치를 만들고 가장자리를 잘라 마무리.

멋스러운 정통 영국식 샌드위치!

잉글리쉬 머핀 에그 베네딕트

필수 재료
잉글리쉬 머핀(2개),
달걀(2개),
베이컨(4장),
시금치(1줌=100g)

홀란다이즈소스
달걀 노른자(3개),
레몬즙(1),
무염버터(2스틱=약 230g),
소금(약간),
후춧가루(약간)

1 달걀 노른자에 레몬즙을 넣고 핸드 블렌더로 거품이 나도록 돌려주고,

2 무염버터는 전자레인지에 20초 정도 돌려 녹이면서 버터를 조금씩 계속 넣어가며 잘 녹여 **홀란다이즈소스**를 만들고,

시금치는 따로 데치지 말고, 생으로 준비해야 씹을수록 시금치의 단맛을 느낄 수 있어요.

3 달군 마른 팬에 잉글리쉬 머핀은 반 갈라 팬에 살짝 토스트 하고,

4 시금치는 잘 씻은 후 물기를 짜고,

5 달군 팬에 식용유(1)를 두르고 달걀은 반숙으로 프라이하고, 베이컨도 바삭하게 지져낸 후 종이타올로 기름을 빼고,

6 잉글리쉬 머핀에 시금치와 베이컨을 얹고 달걀 프라이를 얹은 후 홀란다이즈소스를 뿌려서 마무리.

" 영국식 전통 아침식사
에그베네딕트에
시금치를 곁들여
영양까지 더했어요.
만드는 방법까지
간단하니 이제
집에서 더욱
특별하게 즐겨 보세요."

오며가며 한입에 쏙~
롤핑거 샌드위치

필수 재료
식빵(4장), 오이(1개)
슬라이스치즈(3장)

양념
버터(약간)

고구마 페이스트
삶은 고구마 중간 크기(1개)+
삶은 달걀(1개)+
다진 파슬리(약간)+마요네즈(1)

햄 페이스트
다진 햄(1컵)+삶은 달걀(1개)+
다진 피망(2)+다진 양파(2)+
다진 피클(0.3)+마요네즈(0.7)+
머스터드(0.3)

새우 페이스트
다진 칵테일 새우(1컵)+
다진 게맛살(2)+다진 양파(2)+
다진 피클(0.3)+마요네즈(0.7)

1 식빵은 가장자리를 모두 잘라내 밀대로 편편하게 밀어 준비하고,

2 오이는 물기를 빼 껍질을 벗긴 뒤, 식빵 넓이에 맞춰 토막을 내 반으로 갈라 스틱 모양을 만들고,

3 각각 **페이스트** 재료를 잘 버무려 준비하고,

4 식빵 윗면에 버터를 바른 뒤, 슬라이스치즈를 깔아 오이를 올리고, 식빵 위에 원하는 페이스트를 듬뿍 올려 한쪽 끝부터 돌돌 말아 비닐랩으로 싸 20분 정도 두어 모양을 고정한 뒤 먹기 좋은 크기로 3~4등분해 마무리.

애드에디토리얼

달콤한 과일 알갱이가 입안 가득! 오뚜기 FruitsValley잼
과일 본연의 맛과 영양소가 파괴되지 않도록 저온에서 진공상태로 농축한 오뚜기 Fruits Valley잼은 신선한 과일 알갱이가 그대로 살아있어 식감이 더욱 풍부해요. 합성보존료와 합성감미료, 합성착향료가 들어 있지 않아 더욱 안심하고 먹을 수 있습니다. 부드럽고 쫄깃한 식빵에 오뚜기 Fruits Valley잼을 발라 먹으면 쉽고 간편하게 샌드위치를 만들 수 있어요. 딸기잼 뿐 만 아니라 사과, 오렌지마말레이드, 후르츠잼 포도잼 등 다양한 종류의 오뚜기 Fruits Valley잼으로 집에서도 더욱 맛있는 샌드위치를 즐겨보세요!

" 한입에 쏙쏙 골라 먹는 롤핑거샌드위치! 페이스트 만들기가 번거롭다면 다양한 맛의 과일 잼으로 맛을 내도 좋아요! "

가정에서 맛보는 정통 프랑스 파티요리!
구운배 블루치즈 샌드위치

1 배는 껍질을 벗겨 4등분 해 네모지게 썰고,

2 달군 팬에 버터(1)를 두르고 배를 앞뒤로 재빨리 익히고,

필수 재료
바게트(4쪽),
배(½개)

선택 재료
호두(2)

양념
버터(1),
화이트와인(3),
고르곤졸라치즈(2), 꿀(2)

3 화이트와인(3)을 넣고 센 불로 잠시 끓인 후 불을 끄고,

4 마른 팬에 호두를 볶아 잘게 다지고,

5 바게트 위에 고르곤졸라치즈를 펴 바른 뒤,

6 그 위에 구운 배와 호두를 얹은 뒤 꿀을 뿌려 마무리.

" 잘 먹기로 유명한 프랑스인들의 사랑을 듬뿍 받는 샌드위치예요.
달콤한 배를 구워 특별함을 더했답니다.
바삭한 바게트에 한번 맛보면 빠져드는 고르곤졸라치즈, 맛에 포인트를 주는 꿀까지 더했어요. "

달콤한 멜론과 짭짤한 햄의 만남!

멜론 햄 샌드위치

1 멜론은 납작하게 썰고,

2 양파와 오이는 얇게 썰고,

필수 재료
치아바타(2개),
멜론(½통),
프로슈토 햄(8장),
양파(½개),
오이(½개)

레몬허브소스
설탕(0.3)+레몬즙(1)+
식초(1)+다진 민트(1)+
다진 마늘(약간)+
소금(약간)+
후춧가루(약간)

빵을 끝까지 반 가르지 않고 끝을 조금만 남겨 잘라 주어도 좋아요.

3 **레몬허브소스**를 만들고,

4 치아바타를 반 갈라 살짝 토스트 한 뒤 멜론, 오이, 양파, 프로슈토 햄을 얹고,

5 레몬허브소스를 뿌려 뚜껑 덮어 마무리.

" 돼지 뒷다리로 만든 고급 햄 프로슈토와 고급 과일의 대명사 멜론의 환상적인 조화!
두 재료의 조합은 맛과 영양을 모두 만족시켜요.
정성껏 발효해 만드는 쫄깃한 치아바타를 이용해 담백함은 살리고, 향긋한 민트로 상큼함을 더해줘요. "

마늘향 솔솔 나는 갈릭 오일과의 환상 조합!

새우
아보카도
샌드위치

"호밀빵을 끝까지 가르지 않아도 좋아요."

필수 재료
호밀빵(2개),
새우(중하, 8마리),
아보카도(1개),
파슬리(½줌),
토마토(1개), 레몬즙(약간),

밑간
소금(약간), 후춧가루(약간)

소금물
소금(1)+물(2½컵)

갈릭오일
올리브유(2),
다진 마늘(0.3),
마른 붉은 고추(1개)

1 호밀빵은 반 갈라 토스트에 굽고,

2 새우는 **소금물**에 흔들어 씻은 후 내장을 제거해 **밑간**해 한입 크기로 썰고,

3 아보카도는 세로로 반 갈라 씨를 빼 숟가락으로 껍질을 벗겨 네모지게 자른 뒤 레몬즙(약간)을 뿌려두고,

4 파슬리는 다지고, 토마토도 아보카도와 같은 크기로 썰고,

"레몬즙을 뿌려두면 상큼함은 물론 색도 변하지 않아요."

5 볼에 새우, 토마토, 아보카도, 파슬리를 넣고 소금(약간), 후춧가루(약간), 레몬즙(약간)을 넣어 버무리고,

6 **갈릭오일**을 만들고, 구운 호밀빵 위에 갈릭오일을 뿌리고 버무린 재료를 올려 마무리.

튀기는 소리부터 군침 도는
새우 토마토 오픈 샌드위치

1 허니머스터드드레싱을 만들고, 치아바타는 가로로 반을 가른 후, 자른 면에 허니머스터드드레싱(1)을 골고루 펴 바르고,

2 새우는 **소금물**에 흔들어 씻은 후 내장을 제거해 **밑간**해 한입 크기로 썰고,

3 양상추는 깨끗이 씻어 물기를 빼 먹기 좋은 크기로 뜯고,

4 토마토는 가로로 썰고,

5 새우를 밀가루에 묻힌 뒤 달걀물에 담그고, 다시 빵가루를 묻혀 180℃로 예열한 기름에서 노릇하게 튀기고,

나무젓가락을 넣어 바닥에서 거품이 보글보글 타고 올라오면 180℃예요.

6 양상추를 깔고, 토마토, 피클을 올린 다음, 양념해서 튀긴 새우 3개를 빵 위에 2줄로 나란히 펼쳐 올리고 그 위에 새싹을 올려 빵을 덮고 마무리.

필수 재료
치아바타(1개),
새우(중하, 6개),
양상추(2잎),
새싹(1줌),
토마토(1개),
오이피클(8개)

밑간
소금(약간),
후춧가루(약간)

소금물
소금(1)+물(2½컵)

새우튀김재료
밀가루(1컵),
달걀(2개),
빵가루(1컵)

허니머스터드드레싱

이게 피자야? 샌드위치야?
피자
샌드위치

필수 재료
바게트(½개),
양파(½개),
다진 마늘(0.5),
토마토소스(1컵),
바질가루(0.3),
블랙올리브(2알),
청피망(½개),
베이컨(2장),
피자치즈(1컵)

1 양파는 잘게 다지고,

2 달군 팬에 식용유(1)를 두르고 다진 마늘, 양파를 넣고 볶다가 토마토소스(1컵)를 넣어 끓이다가 바질가루(0.3)를 넣어 주고,

3 청피망은 작게 자르고, 블랙올리브는 얇게 썰고,

4 달군 마른 팬에 베이컨을 바삭하게 지져낸 후 종이타올로 기름을 뺀 뒤 작게 자르고,

5 바게트를 반 갈라 끓인 토마토소스를 바르고 블랙올리브, 베이컨, 청피망을 토핑한 뒤 피자치즈를 올리고 200℃로 예열된 오븐에서 피자치즈가 녹을 때까지 5분 정도 구워 마무리.

" 샌드위치처럼 먹는 피자!
생각만 해도 입맛 당기죠?
피자의 다양한 토핑들을 한 데 모아
여기에 고소한 치즈를 곁들였어요.
길게 늘어지는 치즈 때문에 어른들은
물론 아이들도 환호하는 메뉴랍니다. "

이태리 정통 햄 살라미를 이용한 파티 음식의 최고봉!

살라미 오렌지 오픈 샌드위치

필수 재료
바게트 혹은 마늘 바게트(8쪽),
살라미(8장), 오렌지(1개),
치커리(⅓줌),
양파(½개),
슬라이스치즈(2장),
샌드위치 픽(1팩)

이쑤시개를 사용해도 좋아요.

씨겨자마요네즈스프레드
씨겨자(0.7)+
마요네즈(2)+꿀(0.5)+
홀스래디쉬(약간)

이탈리안드레싱 26p

1 **씨겨자마요네즈스프레드**를 만들고, 바게트에 씨겨자마요네즈스프레드를 발라주고,

2 치커리는 씻어 물기를 빼 먹기 좋게 뜯고, 오렌지는 껍질을 벗겨 알맹이만 발라내고,

3 슬라이스치즈는 길게 4등분하고,

4 바게트 빵 위에 치커리를 깔고,

살라미는 바게트 빵에 맞게 접어서 올려요.

5 양파, 치즈, 살라미, 오렌지 순으로 올리고,

6 **이탈리안드레싱**을 만들고, 살라미에 이탈리안드레싱(2)을 바르고 샌드위치 픽을 꽂아 마무리.

" 짭조름한 맛이 일품인 이태리식 살라미!
여기에 달콤한 과즙이 풍부한 오렌지를
곁들여 보세요. 톡톡 터지는 오렌지의
상큼함이 살라미의 쫄깃함과 잘 어울려요. "

달콤한 애플파이가 식빵에 쏙!

애플파이
샌드위치

필수 재료
식빵(4쪽),
사과(1개)

선택 재료
건포도(1),
호두(1)

사과조림 재료
흑설탕(2), 레몬즙(4),
소금(약간),
시나몬 파우더(0.3),
넛멕 파우더(0.1)

1 사과는 껍질을 벗겨 나박 썰고,

2 냄비에 **사과조림 재료**와 썰어둔 사과를 중간 불로 1~2분간 끓이다가 농도가 진해지면 약한 불로 줄여 진득해질 때까지 한번 더 조리고,

3 불을 끄고 건포도와 호두를 넣어 잘 버무리고,

4 식빵 가운데에 조린 사과와 건포도, 호두를 넣고,

포크로 눌러가며 끝을 아물려야 잘 붙어요.

5 다른 식빵으로 덮은 뒤 쿠키 커터로 잘라내고,

6 끝을 포크 등으로 잘 아물려 마무리.

" 파이 도우를 따로 만들지 않아도 돼
복잡하고 번거로운 과정이 하나도 없는
샌드위치예요. 아이들 간식이나
식사 후 디저트로 안성맞춤이에요! "

달콤함이 입안에 사르륵~
와플
아이스크림
샌드위치

필수 재료
와플과자(2개),
바닐라 아이스크림(2스쿱)

선택 재료
초코시럽(1),
아몬드(1),
슈가 파우더(1),
시나몬 파우더(0.5)

1 와플과자를 준비하고.

2 아몬드는 잘게 다지고.

기호에 따라 다양한 종류의 아이스크림으로 맛을 내도 좋아요.

3 와플 위에 바닐라 아이스크림과 초코시럽, 아몬드를 뿌리고.

4 슈가 파우더와 시나몬 파우더를 뿌려서 마무리.

"카스텔라 사이에 아이스크림을 끼워 먹는 그 맛, 생각만 해도 달콤하죠? 이제 바삭한 와플을 이용해 좀 더 고급스러운 디저트용 샌드위치에 도전해 보세요. 특히 식사 후, 달콤함이 간절할 때 만들어 먹기 좋답니다."

집에서 즐기는 카페스타일 샐러드&샌드위치

카페에서 먹었던 인상적인 샐러드와 샌드위치. 하지만 왠지 집에서 따라 만들면 뭔가 2% 부족한 맛이죠? 그때 그곳에서 먹었던 한입의 감동을 이제 집에서 즐겨 보세요! 카페만의 특별 비법이 담긴 레시피가 우리 집을 더욱 특별하게 빛내줄 거예요.

PART 5

먹을수록 건강해지는 느낌!

그린
샐러드

1 샐러드채소는 씻은 뒤 물기를 빼 먹기 좋게 뜯고,

2 **파프리카프렌치드레싱**을 만들어 냉장고에 차게 보관하고,

필수 재료
샐러드채소(2줌),
오이(½개),
토마토(½개),
새싹채소(½줌 분량=10g),

파프리카프렌치드레싱
설탕(1.5)+
레몬즙(1)+
식초(2)+
다진 파프리카(1)+
다진 양파(1)+
올리브유(2)+
소금(약간)+
후춧가루(약간)

3 오이는 껍질을 드문드문 벗겨 도톰하게 썰고, 토마토는 크게 웨지로 썰고,

4 볼에 샐러드채소, 오이, 토마토를 담고 파프리카프렌치드레싱을 뿌린 후 새싹 채소를 얹어서 마무리.

크루통을 얹으면 한 끼 식사로도 충분해요.

"바쁜 뉴요커들을 사로잡은 그린샐러드예요. 비타민이 많은 각종 신선한 채소에 파프리카프렌치 드레싱으로 맛을 냈답니다."

간장으로도 이런 맛이?
오리엔탈 샐러드

필수 재료
치커리(½줌),
청상추(3장),
샐러드채소(1줌),
양파(½개),
토마토(½개)
오리엔탈드레싱 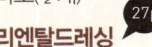 27p

1 치커리, 청상추, 샐러드채소는 씻어 체에 밭쳐 물기를 빼 한입 크기로 뜯고.

2 양파는 채 썰어 찬물에 담가두고, 토마토는 한입 크기로 썰고.

3 오리엔탈드레싱을 만들고.

4 접시에 치커리, 청상추, 샐러드채소를 담고 토마토, 양파를 올려 오리엔탈드레싱을 뿌려 마무리.

" 필수 양념인 간장을 이용해
오리엔탈드레싱을 만들었어요.
우리 입맛에 익숙한 맛이라
거부감 없이 누구나 쉽게 먹을 수 있는
기본 샐러드랍니다."

새우가 데리야키소스에 빠진 날!

구운 새우 샐러드

거품이 올라오면 꺼주세요.

1 **데리야키소스** 재료를 냄비에 넣어 잠시 끓이고,

2 새우는 껍질을 까고 내장을 제거한 뒤 데리야키소스(1)에 재우고,

필수 재료
새우(중하, 4마리),
샐러드채소,
적양파(⅓개),
소금(약간),
후춧가루(약간),
올리브유(2)

선택 재료
방울토마토(2개),
블랙올리브(2개)

데리야키소스
간장(2),
청주(2),
설탕(1.5),
다진 마늘(0.2),
후추(약간),
물엿(0.5)

3 샐러드채소는 모두 씻어 물기를 빼 작게 뜯어 준비하고, 적양파는 채 썰고,

4 방울토마토와 블랙올리브는 납작하게 썰고,

5 달군 팬에 올리브유(2)를 두르고 새우에 소금(약간), 후춧가루(약간)을 뿌려 굽고,

6 접시에 샐러드채소, 새우, 방울토마토, 블랙올리브를 담고 데리야키소스와 올리브유(2)를 뿌려 마무리.

" 담백한 새우와 깊고 진한 데리야키소스의 만남! 보드랍고 촉촉한 치아바타에 샐러드를 살짝 얹어 한입 베어 먹으면 뱃속 깊이 든든함이 느껴져요. "

부드러운 감자와 짭조름한 베이컨의 환상궁합!

구운 감자 베이컨 샐러드

1 샐러드채소는 모두 씻어 물기를 빼 작게 뜯어 준비하고,

2 감자는 씻어 껍질째 통으로 포크 자국을 낸 뒤 전자레인지에 5분 정도 돌려 익히고,

필수 재료
감자(2개),
샐러드채소(2줌),
토마토(½개),
베이컨(2장)

갈릭버터
파마산 치즈가루(0.5)+
파슬리 가루(0.3)+
다진 마늘(0.5)+
무염 버터(2)

레몬간장드레싱
설탕(0.7)+간장(2)+
레몬즙(1)+와인식초(1)+
다진 양파(1)+
후춧가루(약간)

3 달군 팬에 감자를 웨지로 썰어 **갈릭버터**를 발라 베이컨과 함께 노릇하게 굽고,

4 토마토는 웨지로 썰고,

5 **레몬간장드레싱**을 만들고,

6 접시에 샐러드채소, 구운 감자, 토마토, 베이컨을 얹은 뒤 레몬간장드레싱을 뿌려 마무리.

"다소 심심할 수 있는 샐러드에 구운 감자와 베이컨으로 푸짐함을 더했어요. 신선한 채소와 상큼한 레몬식초를 곁들여 더욱 균형감 있는 웰빙 샐러드랍니다."

리코타치즈의 풍부함이 그대로!

치즈 샐러드

필수 재료
샐러드채소(1줌),
토마토(½개),
적양파(½개),
리코타치즈(2)

발사믹드레싱 26p

1 샐러드채소는 씻은 뒤 물기를 빼 한입 크기로 뜯어 준비하고,

2 토마토는 웨지로 썰고, 적양파는 채 썰고,

거품이 한 번 나면 꺼주세요.

3 발사믹드레싱을 만들고,

4 접시에 샐러드채소를 담고 토마토, 적양파, 리코타치즈를 얹은 뒤 발사믹드레싱을 뿌려 마무리.

" 부드러운 리코타치즈와 냉장고 속 채소를 이용해 만든 카페스타일의 치즈샐러드, 도전해 보세요! "

생각보다 만들기 쉬운
홈메이드 리코타치즈

필수 재료 우유(5컵), 레몬즙(4)

1 냄비에 우유(5컵)를 넣고 약한 불에서 거품이 가장자리에 올라올 때까지 끓이고,
2 레몬즙(4)을 짠 뒤 불을 끈 채 15분간 가만히 두고,
3 노란색 물과 응고된 치즈 덩어리를 면포에 걸러 마무리.

건강까지 생각한 깊고 진한 맛
블루치즈
샐러드

필수 재료
오이(½개),
샐러드채소(1줌),
양상추(4장),
방울토마토(4알),
워터크래커(2장), 베이컨(4장)

블루치즈드레싱
생크림(1)+
블루치즈 또는 고르곤졸라치즈(2)+
마요네즈(1)+레몬즙(0.3)

1 오이는 둥글고 도톰하게 썰고, 방울토마토는 꼭지를 떼어 반 가르고.

2 샐러드채소와 양상추는 잘 씻은 뒤 물기를 빼 먹기 좋게 뜯고.

3 달군 마른 팬에 베이컨을 잘게 잘라 노릇하게 지져낸 후 키친타올로 기름을 빼고.

4 블루치즈드레싱을 만들고.

5 볼에 오이, 방울토마토, 샐러드채소를 담고 베이컨을 얹은 뒤 블루치즈드레싱을 뿌리고 워터크래커를 곁들여 마무리.

" 페니실린의 원료가 될 만큼
건강에 좋다는 푸른곰팡이!
푸른곰팡이를 주입해 만들기 때문에
다른 치즈에 비해 냄새에
민감해 하시는 분들이 많은데요.
하지만 깊고 진한 그 맛에 한번 빠지면
헤어나오기 힘들만큼 중독성 있답니다.
여기에 신선한 채소와 짭조름한
베이컨을 곁들이면 자꾸만
손이 가는 블루치즈샐러드 완성! "

상큼한 오렌지가 담백한 닭 안심을 만났을 때!

오렌지
치킨
샐러드

> 랩에 밀착시켜 두면 더 빨리 재워져요.

1 양상추는 적당한 크기로 썰어서 찬물에 담갔다가 물기를 제거하고,

2 닭 안심은 **밑간**하고,

필수 재료
닭 안심(8토막≒300g),
양상추(2줌)

밑간
청주(1),
오렌지즙(2),
올리브유(1),
소금(약간),
후춧가루(약간)

오렌지드레싱
소금(0.2)+
오렌지주스(4)+
레몬즙(4)+
꿀(3)+
포도씨유(4)+
후춧가루(약간)

3 **오렌지드레싱**을 만들어 냉장고에 넣어 차게 준비하고,

4 달군 팬에 식용유(1)를 두르고, 밑간한 닭 안심을 노릇하게 구워내고,

> 닭 안심은 크기가 크다면 먹기 좋게 잘라요.

5 접시에 양상추와 구운 닭 안심을 올리고 준비한 오렌지드레싱을 뿌려 마무리.

" 자칫 퍽퍽해질 수 있는 닭고기가 상큼한 오렌지드레싱을 만나 촉촉한 별미 샐러드로 탄생했어요! 날씨 좋은 날 피크닉이나 소풍갈 때 딱 '이거다' 싶은 샐러드랍니다. "

소시지 마니아를 위한 건강 샐러드!
소시지 샐러드

1 소시지는 3등분 한 후 칼집을 넣고, 물(1.5컵)과 맥주(1컵)를 넣고 끓는 물에 5분간 데치고.

2 샐러드채소는 씻은 뒤 물기를 빼 먹기 좋게 뜯고.

필수 재료
수제 소시지(2개),
맥주(1컵),
샐러드채소(2줌),
방울토마토(4개),
크래커(4개),
크림치즈(1)

디종허니머스터드드레싱
시판용 디종머스터드(3)+
꿀(2)+
홀스래디쉬(0.3)+
식초(1)+
마요네즈(2)+
후춧가루(약간)

3 방울토마토는 꼭지를 떼 반으로 가르고.

4 디종허니머스터드드레싱을 만들고.

5 볼에 샐러드채소와 소시지, 방울토마토를 담고 디종허니머스터드드레싱을 버무리고 크래커와 크림치즈를 곁들여 마무리.

" 소시지 좋아하시나요?
밥반찬으로도 좋고, 술안주로도 좋은 소시지를 이제 건강한 샐러드로 즐겨 보세요. 여기에 크림치즈까지 곁들이면 샐러드 한 접시만 먹어도 든든하고 스타일리시한 샐러드가 완성된답니다. "

뉴욕에서 먹던 바로 그 맛!

비프 스테이크 샐러드

물에 담가두면 양파의 아린맛을 없애줘요.

필수 재료
쇠고기 등심(200g),
샐러드채소(1줌),
양파(½개),
방울토마토(6개),
오이(½개),
쇠고기(불고기용, 150g),
고추 피클(2개)

밑간
소금(약간),
후춧가루(약간),
화이트와인(0.5)

핫머스터드드레싱
레몬즙(0.3)+식초(1)+
다진 마늘(0.3)+
마요네즈(1)+씨겨자(1.5)+
꿀(0.3)+후춧가루(약간)

1 달군 팬에 쇠고기를 먹기 좋게 길게 썰어 **밑간**해 팬에 굽고,

2 샐러드채소는 씻어 물기를 제거하고, 양파는 채 썰어서 물에 5분간 담가 두고,

3 방울토마토는 꼭지를 떼 반 가르고, 오이는 도톰하게 썰고,

4 핫머스터드드레싱을 만들고,

5 볼에 샐러드채소, 양파, 방울토마토, 오이, 쇠고기, 고추피클을 얹은 뒤 핫머스터드드레싱을 버무려 마무리.

" 육즙이 가득 흐르는 스테이크,
한입 썰어 입에 넣자마자 살살 녹는
그 맛! 잊을 수 없어요. 요즘엔
건강을 생각해 신선한 채소를 곁들여
스테이크를 즐기는 분들이 많은데요.
이럴 땐 따로 따로 먹는
번거로움을 한번에 해결해줄
비프스테이크샐러드 어떠세요? "

초절정 인기 메뉴!
돼지갈비 샐러드

끓는 물에 맥주를 넣어 립을 삶으면 돼지비린내가 제거되고 살이 쫄깃하고 연해져요.

필수 재료
돼지갈비(1토막=500g),
샐러드채소(1줌, 비타민,
로메인레터스, 양상추,
루꼴라, 래디쉬, 새싹 등),
당근(⅓개),
적채(½줌 분량=20g),
양파(⅓개), 바비큐소스(4)

밑간
소금(약간),
후춧가루(약간),

바비큐양념드레싱
화이트와인(1)＋
레몬즙(0.3)＋
식초(1)＋
다진마늘(0.3)＋
파슬리가루(0.3)＋
바비큐소스(2)＋
꿀(0.5)＋
올리브유(2)

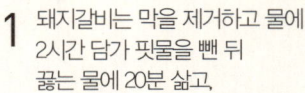

1 돼지갈비는 막을 제거하고 물에 2시간 담가 핏물을 뺀 뒤 끓는 물에 20분 삶고,

2 돼지갈비에 **밑간**한 뒤 바비큐소스(4)를 골고루 발라 랩으로 덮어 30분간 재우고,

3 샐러드채소는 씻은 뒤 물기를 빼 적당한 크기로 뜯고, 당근, 적채, 양파는 채 썰고,

4 **바비큐양념드레싱**을 만들고,

5 재운 돼지갈비를 200℃로 예열된 오븐에 30분 정도 굽고,

6 접시에 샐러드채소, 당근, 적채, 양파, 돼지갈비를 담은 뒤 바비큐양념드레싱을 뿌려 마무리.

" 맛있지만 그냥 먹기에는 왠지 부담되었던 돼지갈비를 채소와 함께 즐기세요. "

아는 사람은 다 아는 바로 그 샌드위치!

3단 타워
클럽
샌드위치

1 달걀스프레드를 만들고.

2 양상추는 적당한 크기로 뜯고, 토마토, 피망, 양파는 얇게 채 썰고,

3 식빵은 토스트 하고,

4 토스트 한 식빵 중 4장에 시판용 디종머스터드드레싱(1)을 살짝 바르고, 아무것도 바르지 않은 식빵 2장에 달걀스프레드를 반씩 나누어 올리고 양상추와 토마토, 피망을 각각 얹은 후 시판용 디종머스터드드레싱(1)을 바른 빵을 1장씩 덮고,

식빵 샌드위치는 식빵 가장자리를 잘라 먹기 좋은 크기로 잘라주세요.

5 위에 양상추, 토마토, 양파, 햄, 치즈를 1장씩 올린 후 다시 시판용 디종머스터드드레싱(1)을 바른 나머지 빵을 1장씩 덮어 마무리.

필수 재료
식빵(6장),
삶은 달걀(3개),
마요네즈(2),
소금(약간),
후춧가루(약간),
양상추(2장),
양파(¼개분량),
슬라이스 햄(2장),
슬라이스 체다 치즈(2장),
슬라이스 토마토(4개),
시판용 디종머스터드(3)

달걀스프레드
삶은 달걀(3개)+
마요네즈(2)+
소금(약간)+
후춧가루(약간)

뉴욕인들이 사랑하는 그 샌드위치

호밀
클럽오픈
샌드위치

1 달군 마른 팬에 베이컨을 바삭하게 지져낸 후 종이타올로 기름기를 빼주고,

2 허브마요네즈드레싱을 만들고,

필수 재료
호밀빵(2쪽),
스모크 터키햄(4장),
슬라이스치즈(2장),
베이컨(4장),
토마토 (½개),
로메인(4장)

가슴살로 준비해주세요.

허브마요네즈드레싱
다진 파슬리(1)+
다진 마늘(0.3)+
다진 양파(0.5)+
마요네즈(2)+
후춧가루(약간)+
레몬즙(0.3)

3 호밀빵은 토스트 하고,

4 토마토는 슬라이스 하고,

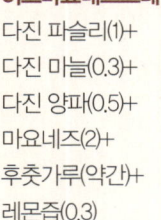

5 빵에 허브마요네즈드레싱을 바르고 로메인, 슬라이스치즈, 토마토, 스모크 터키 가슴살, 베이컨을 얹어 마무리.

" 칠면조로 만든 깔끔하고 담백한 터키햄의 매력을 아시나요? 뉴요커들이 즐겨먹는 터키햄으로 만든 클럽 샌드위치가 호밀빵을 만나 영양과 맛을 모두 책임집니다. 그동안 새로운 맛의 샌드위치를 기다려온 분들이라면 좋아할 거예요."

채소, 이제 따뜻하게 즐기세요.

구운 채소 샌드위치

필수 재료
치아바타(2개),
가지(½개),
애호박(½개),
양송이버섯(2개),
양파(½개),
토마토(1개),
베이비채소(1줌),
스위스치즈(얇게 자른 거, 6쪽)

밑간
소금(약간),
후춧가루(약간)

발사믹드레싱

1 가지, 애호박, 양송이버섯, 양파는 얇게 썬 뒤 **밑간**하고,

2 토마토는 슬라이스 하고, 베이비채소는 씻은 뒤 물기를 빼고,

드레싱 완성 후 레몬을 살짝 뿌려주면 샐러드의 신선함이 더욱 살아나요.

3 **발사믹드레싱**을 만들고,

4 달군 팬에 식용유(1)를 두르고 가지, 호박, 버섯을 앞뒤로 센 불에서 재빨리 노릇하게 구워 발사믹드레싱(2)을 넣고 볶은 뒤 불을 끄고,

5 치아바타 빵을 반 갈라 스위스치즈 → 토마토 → 베이비채소 → 구운 채소를 순서대로 올리고,

6 그 위에 발사믹드레싱(2)을 뿌려 마무리.

" 따뜻하게 구워 더욱 부드러운 채소를 쫄깃한 치아바타 사이에 가득 채워 즐겨 보세요."

채소만으로도 이런 맛이?
베지테리안 샌드위치

1 **발사믹드레싱**을 만들고.

2 프레쉬 모차렐라 치즈를 납작하게 썰어 **밑간** 하고.

필수 재료
통곡물빵(4쪽),
프레쉬 모차렐라 치즈
(½덩어리=40g),
토마토(⅓개),
양파(⅛개),
생바질(1줌)

밑간
소금(약간),
후춧가루(약간)

발사믹드레싱 26p

3 토마토는 얇게 썰고 양파는 채 썰고.

4 생바질은 잘 씻은 후 물기를 제거하고 이파리만 떼고.

5 통곡물빵은 토스트 하고.

6 호밀빵에 바질을 깔고 프레쉬 모차렐라 치즈, 토마토, 양파를 넣은 뒤 발사믹드레싱을 뿌려 마무리.

" 고기가 들어있지 않은 깔끔한 맛의
베지테리안 샌드위치.
채소와 치즈만으로도 풍부하고
깊은 맛을 낼 수 있답니다."

상큼한 소스와 보드라운 빵의 놀라운 조화!

머스터드 치킨 샌드위치

> 찬물에 너무 오래 담가 두면 양파 특유의 맛이 물에 너무 많이 녹아들어 안 좋으므로 5분 정도만 담가 아린맛만 제거해 주세요.

1 닭 가슴살을 길게 썰어 5분간 **밑간**해 달군 팬에 식용유(1)를 둘러 노릇하게 굽고,

2 양파는 슬라이스로 얇게 썰어 찬물에 5분간 담가 두고,

> 닭 가슴살은 잘게 찢어 준비해 주세요.

3 닭 가슴살스프레드를 만들고,

4 식빵은 토스트 하고,

필수 재료
레몬즙(0.5),
양파(½개),
양상추(2장),
방울토마토(2개),
식빵(4쪽),
마요네즈(4),
오이피클(6쪽)

닭 가슴살스프레드
닭 가슴살(2쪽),
발사믹식초(2),
홀그레인머스터드(2),
설탕(0.5),

밑간
소금(약간),
후춧가루(약간)

5 식빵 한쪽 면에 마요네즈를 고루 펴 바르고,

> 나무포크나 꼬치를 꽂아 고정해 주세요.

6 빵 위에 양상추, 양파, 오이피클, 토마토, 닭 가슴살스프레드를 올리고 나머지 식빵을 얹어 마무리.

" 홀그레인머스터드를 섞은 새콤달콤 닭 가슴살스프레드를 듬뿍 곁들였어요. 건강은 물론 맛까지 자신있는 샌드위치예요."

신선한 모차렐라치즈가 쫄깃하게 씹히는
프레쉬 모차렐라 치킨 샌드위치

필수 재료
닭 가슴살(1쪽),
화이트와인(4),
프레쉬 모차렐라 치즈
(½덩어리=40g),
토마토(½개), 양파(½개),
당근(½개), 치아바타(2장),
양상추(2장).

밑간
소금(약간),
후춧가루(약간)

이탈리안드레싱 26p

1 닭 가슴살은 끓는 물에 화이트와인(4)을 넣고 삶아 건져 찬물에서 식힌 후 얇게 찢어 **밑간**하고,

2 프레쉬 모차렐라 치즈와 토마토는 둥글게 썰고,

양파는 물에 담가 아린맛을 제거하세요.

3 양파와 당근은 채 썰고, 양상추는 먹기 좋게 뜯고,

4 **이탈리안드레싱**을 만들고,

5 밑간한 닭 가슴살과 양파, 당근을 이탈리안드레싱(2)에 버무리고,

6 치아바타에 양상추 → 토마토 → 프레쉬 모차렐라 치즈 → 버무린 닭 가슴살을 넣은 뒤 이탈리안드레싱(2)을 더 뿌려 마무리.

" 닭 가슴살, 아직도 퍽퍽하게만 즐기시나요? 퍽퍽함 없이 노릇하게 잘 구운 닭 가슴살을 특별한 이탈리안드레싱에 곁들여 보세요."

유명 레스토랑의 인기메뉴!

몽테
크리스토

필수 재료
식빵(3장),
슬라이스햄(4장),
슬라이스치즈(4장)

베사멜소스
버터(1), 밀가루(1),
우유(1컵), 생크림(1컵),
소금(약간)

튀김옷
밀가루(6)+녹말가루(4)+
빵가루(4)+찬 우유(½컵)+
찬물(½컵)+달걀(1개)+
얼음(2개)

1 팬에 버터(1)를 녹인 뒤 밀가루(1)를 중간 불로 타지 않게 1분간 계속 저으면서 볶아주고,

2 우유(1컵)와 생크림(1컵)을 넣고 계속 저으면서 중간 불로 끓여 농도가 진해지면 소금(약간)으로 간해 **베사멜소스**를 만들고,

3 식빵에 베사멜소스를 바르고,

4 슬라이스치즈와 슬라이스햄을 번갈아 가며 넣어 2단으로 쌓고,

젓가락을 냄비 가운데에 넣어 기포가 올라오면 튀기기 적당한 온도예요.

5 대각선으로 잘라 4등분하고,

6 **튀김옷**을 만들고, 빵 위에 튀김옷을 입혀 180℃의 기름에서 재빨리 튀겨서 마무리.

" 햄과 치즈가 어우러진 샌드위치를
노릇하게 튀겨냈어요.
바삭 바삭 과자처럼 씹히는 느낌은 물론,
달콤하고 고소한 베사멜소스와
어우러져 입안에서 살살 녹는답니다. "

이태리 볼로네즈 지방의 특색이 살아있어요!
볼로네즈햄 샌드위치

필수 재료
통곡물빵(4장),
양상추(2장),
토마토(½개),
오이 피클(2개),
마요네즈(2),
시판용 디종머스터드(4),
파스트라미햄(2장),
소금(약간),
후춧가루(약간)

1 양상추는 씻어 물기를 빼 작게 썰고, 토마토는 슬라이스 하고, 오이 피클은 길게 썰고,

2 통곡물빵을 토스트 해 2장에 마요네즈(1)와 시판용 디종머스터드소스(2)를 바르고,

3 마요네즈와 시판용 디종머스터드소스를 바르지 않은 나머지 호밀식빵(2장) 위에 양상추를 올리고,

4 전자레인지에 슬라이스 파스트라미햄을 넣고 30초 정도 살짝 데워 양상추 → 오이 피클 → 토마토 순으로 올리고,

5 소금(약간)과 후춧가루(약간)를 뿌린 후 마요네즈(1)와 시판용 디종머스터드소스(2)를 바른 빵으로 덮어 먹기 좋은 크기로 썰어 마무리.

" 고소한 통곡물빵에 이태리에서 온 파스트라미햄을 도톰하게 썰어 넣어 만든 샌드위치예요. 결이 그대로 살아있어 구운 고기를 먹는 것처럼 씹는 맛이 일품이에요. "

수제 버거의 진수
볼케이노 버거 샌드위치

필수 재료
햄버거 빵(2개), 양파(2개), 베이컨(4장), 소금(약간), 후춧가루(약간), 다진 체다치즈(2)

패티
쇠고기 간 것(1컵=200g), 돼지고기 간 것(1컵=200g), 빵가루(½컵), 우유(2)

칠리소스
바비큐소스(1)+와인(1)+ 달걀(1개)+치커리(4장)+ 양상추(2장)+피클(4개)+ 슬라이스 토마토(2개)

1 양파, 베이컨은 채 썰어 소금(약간), 후춧가루(약간)를 뿌려 식용유(1)를 두른 팬에 갈색이 나도록 볶고,

2 우유 적신 빵가루 볶은 양파와 베이컨, 패티 재료를 모두 넣고 잘 치댄 후 동그랗게 빚고,

3 달군 팬에 식용유(1)를 두르고 앞뒤로 패티를 굽고,

4 **칠리소스**를 만들고,

빵에 마요네즈를 바르면 더욱 고소한 맛이 나고, 재료의 수분을 차단해줘 재료의 신선함을 오랫동안 유지할 수 있어요.

5 햄버거 빵에 마요네즈를 바르고 치커리, 양상추, 토마토, 피클, 패티를 넣고 칠리소스를 더 뿌리고 뚜껑을 덮어 마무리.

" '볼케이노버거'라는 이름대로 화산이 폭발한 듯 한 비주얼과 푸짐한 양으로 먹을 수 있어요. "

알록달록 파프리카의 변신
블루리코타 치즈 로스트 파프리카 샌드위치

> 홈메이드표 리코타치즈 만들기는 181P를 참고해 주세요.

> 파프리카를 굽다 물이 나오면, 석쇠를 깔고 굽거나 중간 중간 물기를 빼가며 구워 주세요.

필수 재료
치아바타(2개),
리코타치즈(4),
빨강 파프리카(1개),
소금(약간),
후춧가루(약간),
올리브유(2),
베이비채소(2줌)

바질페스토드레싱

1. 홈메이드표 리코타치즈를 준비하고,

2. 파프리카는 씨를 제거하고 넓게 썬 뒤 소금(약간), 후춧가루(약간)를 뿌리고 올리브유(1)에 버무려 220℃의 오븐에 겉면이 검은색이 될 때까지 태우듯 15~20분간 굽고,

3. 베이비채소는 물에 잘 씻은 뒤 물기를 빼고,

4. **바질페스토드레싱**을 만들고,

5. 빵에 바질페스토드레싱을 바르고 리코타치즈, 베이비채소, 구운 파프리카를 넣은 뒤 바질페스토드레싱을 약간 더 뿌려 마무리.

" 그냥 먹어도 맛있지만
구워 먹으면 더욱 맛있는
파프리카를 듬뿍 넣어 특유의
향과 식감을 살린 샌드위치예요. "

장인의 손길이 느껴지는 맛!
에담치즈 샌드위치

1 피클, 양파, 사과, 양파는 채 썰고, 양상추는 씻어 먹기 좋게 뜯고,

2 에담치즈도 얇게 슬라이스 하고,

필수 재료
오트밀 바게트(½개),
피클(1개), 양파(½개),
사과(½개),
에담치즈(8쪽),
호두(2), 양상추(4장),
스모크 햄(4장)

사과소스
설탕(0.7)+사과주스(1)+
식초(1)+레몬즙(0.3)+
다진 마늘(0.3)+
다진 파슬리(0.3)+
올리브유(1)+
후춧가루(약간)

3 달군 마른 팬에 호두를 살짝 볶아 수분을 날려 대충 다지고,

4 **사과소스**를 만들고,

5 달군 마른 팬에 오트밀 바게트를 먹기 좋게 잘라 토스트 하고,

6 바게트 위에 준비한 재료를 올리고 사과소스를 뿌려 마무리.

" 호두의 고소함이 살아있는
네덜란드의 정통 에담치즈로
만들었어요. 진한 맛과 향이
샌드위치 안에 그대로 살아있어
한입 베어 물 때마다 나도 모르게
음미하게 된답니다. "

ㄱ
가지두부샐러드 · 66
감자샌드위치 · 53
갈릭치즈샌드위치 · 58
게살오이샐러드 · 45
고구마딸기샐러드 · 49
고구마에그넷샐러드 · 130
구운감자베이컨샐러드 · 178
구운배블루치즈샌드위치 · 154
구운새우샐러드 · 176
구운채소샌드위치 · 196
구운쇠고기연근샐러드 · 92
그린샐러드 · 172
그린올리브딥샐러드 · 70
그릴드치즈샌드위치 · 55

ㄴ
누들샐러드 · 128
니스풍샐러드 · 68

ㄷ
단호박라면샐러드 · 126
데리야키치킨샌드위치 · 102
딸기버터샌드위치 · 60
딸기셔벗샐러드 · 140
땅콩바나나샌드위치 · 59
도미샐러드 · 86
돼지갈비샐러드 · 190

ㄹ
라이스버거 · 112
로스트갈릭샐러드 · 82
롤핑거샌드위치 · 152

ㅁ
마늘치킨샌드위치 · 100
만두위치 · 63
망고파파야샐러드 · 47
머스터드치킨샌드위치 · 200
멜론햄샌드위치 · 156
몽테크리스토 · 204
미니카프레제 · 136

ㅂ
BLTE샌드위치 · 94
방울토마토샐러드 · 36
베이컨치즈샌드위치 · 57
베지테리안샌드위치 · 198
볼로네즈햄샌드위치 · 206
볼케이노버거샌드위치 · 208
브리치즈살구샐러드 · 138
불고기샌드위치 · 108
블랙올리브샌드위치 · 54
블루리코타치즈로스트파프리카샌드위치 · 210
블루치즈샐러드 · 182
비프스테이크샐러드 · 188

ㅅ
3단 타워클럽샌드위치 · 192
살라미오렌지오픈샌드위치 · 164
삼겹살부추샐러드 · 90
삼겹살샌드위치 · 110
상추샐러드 · 39
새우아보카도샌드위치 · 158
새우토마토오픈샌드위치 · 160
생선튀김샌드위치 · 114
소시지샐러드 · 186
소시지에그샌드위치 · 104
소시지채소샐러드 · 76
시금치샐러드 · 40
시나몬베이글샌드위치 · 50
시저샐러드 · 74

ㅇ
2색 콩샐러드 · 44
아보카도또띠아샐러드 · 46
애플파이샌드위치 · 166
양배추코울슬로샐러드 · 42
양송이샐러드 · 41
에그크랜베리샌드위치 · 52
에그크랜베리샐러드 · 48
에담치즈샌드위치 · 212
연두부샐러드 · 38
영국식티샌드위치 · 148
잉글리쉬머핀에그베네딕트 · 150
오리엔탈샐러드 · 174
오렌지치킨샐러드 · 184
와사비치킨샌드위치 · 98
와플아이스크림샌드위치 · 168
월도프샐러드 · 142

ㅈ
장어샐러드 · 88
젤리샐러드 · 143
족발샐러드 · 120

ㅊ
초코호두샌드위치 · 61
치즈샐러드 · 180

ㅋ
카프레제 · 37
커리치킨샐러드 · 78
케이준치킨샐러드 · 80
콘샐러드 · 43
크랜베리샌드위치 · 51
크로크무슈 · 62

ㅌ
튜나멜트 · 116
튜나샐러드 · 72

ㅍ
파스타샐러드 · 124
파프리카컵샐러드 · 132
필리스테이크샌드위치 · 106
프레쉬모차렐라치킨샌드위치 · 202
프로슈토샐러드 · 122
프룻볼샐러드 · 144
피자샌드위치 · 162

ㅎ
하와이언샐러드 · 134
핸드위치 · 146
햄치즈샌드위치 · 56
해물샐러드 · 84
호밀클럽오픈샌드위치 · 194
훈제연어크림치즈샌드위치 · 96
훈제연어허브샐러드 · 123